U0575893

从心开始

点·启·生·命

一个教练的人生智慧

张帆◎著

中国财富出版社

图书在版编目（CIP）数据

点启生命，从心开始 / 张帆著 . — 北京 : 中国财富出版社 , 2017.7

ISBN 978-7-5047-6565-9

Ⅰ . ①点… Ⅱ . ①张… Ⅲ . ①企业管理—职工培训—组织机构—概况—北京 Ⅳ . ① F272.92-292.1

中国版本图书馆 CIP 数据核字（2017）第 184169 号

策划编辑	谢晓绚	**责任编辑**	张冬梅　俞　然			
责任印制	方朋远	**责任校对**	胡世勋		**责任发行**	董　倩

出版发行　中国财富出版社

社　　址　北京市丰台区南四环西路 188 号 5 区 20 楼　　　　**邮政编码**　100070

电　　话　010-52227588 转 2048/2028（发行部）010-52227588 转 307（总编室）

　　　　　010-68589540（读者服务部）　　　　010-52227588 转 305（质检部）

网　　址　http://www.cfpress.com.cn

经　　销　新华书店

印　　刷　北京旭丰源印刷技术有限公司

书　　号　ISBN 978-7-5047-6565-9/F·2797

开　　本　880mm×1230mm　1/32　　　　**版　　次**　2017 年 10 月第 1 版

印　　张　7.25　　　　　　　　　　　　**印　　次**　2017 年 10 月第 1 次印刷

字　　数　145 千字　　　　　　　　　　**定　　价**　59.00 元

望天下人都拥有行得通的人生

1999年，我事业失败，一夜之间倾家荡产，人生仿佛瞬间坍塌。

很长一段时间，我足不出户，不想见任何人。生活的考验，让我受尽人间冷暖。在家宅了半年有余，有位好友让我去上教练课程。开始时我不以为然，为此甚至有了逆反心理，后来经不住他的反复相劝，于是在两个月之后带着一份好奇，走进了教室。

四天的教练课程，我醒悟了很多，我终于知道在自己过去的人生中，为什么会失败。教练技术的视角和观点给了我深深的启发，点醒了我，从此我爱上了它。

经过再三考虑，我决定到这家机构工作，并且愿意以员工身份加入。从开始的基层工作到后来的管理者，再到导师，进而在全国拥有四个教练技术的大型传播平台。在这十八年的从业路上，我兢兢业业，力求通过教练技术，通过自己的努力，让更多的人感受教练文化的魅力，领悟生活的真谛，进而拥有"行得通"的人生。

身边的很多人，都需要一种力量来简单地指引，他们所有的痛苦和困难都源于自己的心态和为人处世的策略。一个人的心态越好，那么他的内心就越平和。他的内心越平和，看待问题和为人处世时就能表现出大智慧。反之，一个心态不好的人，无论处在什么样的位置，都不能感受到快乐，因为他只能看到痛苦。当他们拥有良好的心态，懂得维护自己的圈子和利益时，他的人生必然会取得令人欣喜的结果。

身边同样有很多人，缺少一股子"狠"劲，他们对自己总是"心慈手软"，但是这种"慈"会让他失去很多机会。教练技术让我有机会帮助并看到了成千上万这样的人在转变。通过课程，他们找到了渴求的人生方向，并通过挖掘出来的"狠"劲，打通了自己的人生。这种通畅在于他清楚地知道自己想要什么，当机会再次摆在面前时不再犹豫，而是全力冲刺。

亲爱的读者朋友，欢迎你走进教练技术的课堂，通过这本书一起感受我几十年的点滴生活。如果你愿意相信我这位已经"十八"岁老人的话，这本书也许能够为你的人生带来些许的不同。当这个目标真的实现时，那将会是我人生零岁时最好的生日礼物。

I

第一章

纠结与豁达

负责
感召
气度
豁达
承担
自律
创造
付出
欣赏
爱
共赢
诚信
激情
承诺
珍惜

感谢那些"伤害"过你的人

帆醒人生

> 我们应该感谢那些"伤害"过自己的人，因为他们带给了你又一次的修行和成长。也正因为这些成长，才让你在未来的道路上无所畏惧。

永远不要和那些曾经伤害过你的人计较，伤害总会过去，如果我们一直停留在伤害之中，被伤害所羁绊，那么生活的趣味将丧失许多。

人最大的幸福就是成为你自己，而不是生活在别人的阴影之下。或许我们之前总是生活在别人的目光中，但是将来我们要成为自己，活在自己的世界里，将那些仇恨全都抛之脑后，用感恩的眼睛迎接新的阳光。

总是会有人问我："老师，我的朋友让我很难过，他总是在背后说我的坏话。"

我会反问他："你的生活有因此变差吗？"

"没有。老师，虽然他在背后说我的坏话，但是我一样生活得很好。"

也许甚至连你自己都没有注意到，你依旧在称呼他为"朋友"，你并没有像自己想象的那样在意。而实际上，你的生活并没有改变，你一样在按照自己的方式生活，这时又何必在意朋友背后的那种"伤害"呢？试着用慈悲心去理解他这样做的原因，抑或这种伤害根本就微不足道。

相反，如果一直抓着这些伤害不放，那么人的心里就只剩下仇恨和伤害，这份友谊也将不复存在。

世间没什么可怕，可怕的是我们总生活在羁绊之中。每个人的一生总是会遇到各种各样不顺心的事，完全一帆风顺的人生是不存在的，那些与我们意见相左，与我们兴趣不同的人，都会在利益之中与我们产生冲突与伤害。

是的，他们伤害了我们，但是这种伤害并不是永恒的。永恒的是我们一直在计较这些伤害，没有将这种伤害放下，反而将这种伤害变成了人生重要的一部分。每当我们想起这些事时，总是会咬牙切齿，恨不得指着对方的鼻子破口大骂。但是回过头来想一想，就不难发现，这些年自己竟然生活在别人的伤害之中，这是很愚蠢的事。

有两个非常要好的朋友去沙漠旅行。

在旅行中，他们发生了争吵，两个人互不相让，一个人给另外一个人狠狠地扇了一个耳光。这个耳光非常响亮，在对方的脸上留下了一个清晰的手印。

朋友一言不发，伤心难过，他觉得自己受到了侮辱，没有得到朋友的尊重。他的朋友深深地伤害了他。

于是，他在沙子上写下了一句话："今天我的好朋友伤害了我，他打了我一巴掌。"

朋友间的伤害有很多是发生在不经意间的，甚至连朋友自己都不知道。因为人与人之间的性格存在很大的差异，有的人争吵时喜欢默默生气，而有的人则容易暴躁，性格冲动。如果被朋友伤害之后将恨埋在心里，最终难过的只能是自己。

故事里的人将这种伤害写进沙子里，风一吹，仿佛伤害也随风而去了，一切都恢复原样。

我觉得这是一种值得学习的生活态度，把别人的伤害写在容易忘记的地方，而不是写在怎么都不会忘记的地方，那样将会一生受其所累。

如果你提一袋垃圾给对方，那么自己这一路上闻到的都是垃圾的臭味。仇恨就像这袋垃圾，你将仇恨扛在肩上，并不会熏死别人，只能熏死自己。所以原谅那些伤害你的人是一种为人生减负的方法，将垃圾从肩上卸下来，丢进垃圾桶，这样才能轻松前进。

聪明的人懂得原谅伤害自己的人，智慧的人则会感谢伤害过自己的人。有些伤害会刺到内心，会完全改变一个人，使人的思想、见解甚至性格发生变化。这种伤害会让人变得更加勇敢和坚强。

唯有极痛才能停下来思考，唯有思考才能领略人生的真谛。很多时候，当我们被伤到极致，那么我们的内心就会迸发更强大的力量，去思考之前从未思考过的东西。

我们在学校里学到许多知识，但当我们踏入社会之后，那些美好的想象将会被无情的社会现实摧残得体无完肤，这时，我们就会停下来思考，自己该何去何从，会去考虑如何更好地融入这个社会。这种伤痛是一个人成长的标志，我们应该感谢它。

每次读到叶芝的《当你老了》这首诗时，总能被里面深远的意境所打动。但是他的内心却是非常痛苦的，因为诗中的女主人翁茅德·冈曾连续几次拒绝了他的求婚。

当叶芝得知茅德·冈嫁给别人时，这种伤痛几乎如闪电般夺走了他双目的光明。

后来叶芝将所有的精力放在"爱尔兰文艺复兴"事业上，最终成为一位伟大的文学家。没有茅德·冈的伤害，或许就没有叶芝的转变和成功。

这种伤害是巨大的，同时也是刻骨铭心的。但却没有哪一种伤害是永远的，它会慢慢转化为生活中的甘露。"上帝为你关上门的时候，总是会为你打开一扇窗"。这句话说得很对，我觉得想要打开这扇窗，就要怀着一颗感恩的心。

生命如同顽石，需要反复雕琢和打磨，只有经历过无情的雕饰，经历那种痛入心扉的吹打，才能绽放出美丽的花朵。每次想到这些，我的心情就无比平静。我会想起那些曾经伤害过我的人，对我恶言相向也好，看不起我也罢，甚至是拳脚相加，是他们在雕刻我的人生，我感谢他们。

原谅伤害过你的人，是卸下自己心灵负重的最好方法。

感谢伤害过你的人，是它磨砺了你的心志，让你的人生走向成熟。

学员心得

伤害无处不在，没有谁可以避免。但是伤害所产生的效果对不同的人来说是不一样的，有的人用原谅与感恩的心态面对，有的人则将悔恨与痛苦存在心间。

如果我们在经历过伤痛后，仍然沉浸在伤痛之中，这说明伤害还在继续，它还在你的心里产生作用，控制你的情绪和生活。当我们试着以一种大爱的精神去原谅它时，你会发现伤害带给我们的同样是一种成长，只不过这种成长是通过负面的方式来促进的，会让我们看清楚现象的本质，看明白很多人、很多事。

当我们看不明白时，就完全陷入了伤害，这样的人是很难在生活中取得成功的。沉浸于伤痛，只会让伤痛更深，伤害的永远是自己，而不是别人。要知道，这个世界上，没有谁会是你生命中过不去的坎，唯一过不去的只是一个人的内心。这正是人成长的重要因素，也是成功道路上必不可少的一环。

——谷荣辉

聚信达集团　执行董事长

你好，愤怒

帆醒人生

> 怒气就像是一团无形的火焰，纵容它，会让人们的情绪越来越差，最终失去应有的理智，作出错误的判断；而压抑它，只是在为下一次更猛烈的爆发而积蓄能量。

前一段时间和一个年轻学员聊天，他最近的生活一团糟——原来他的妻子回娘家了。我问这位学员，妻子为什么回娘家？他告诉我，夫妻之间吵架了。两口子有点磕磕绊绊原本就是稀松平常的事，没什么大不了的。但是这位学员却因为妻子炒菜时忘了放盐而大发雷霆，最终两人大吵起来，甚至还动起了手，妻子一气之下就回娘家了。

有人说产生摩擦时，如果一方不能控制自己的怒气，即便是再小的摩擦也会演变成灾难，学者萧白也曾经说过："一把火的愤怒，最先烧焦的是自己。"在我看来，这些都是我们对"愤怒"这一正常情绪的误解，它没有看起来那么可怕，它只是一种情绪的表达。

相比较西方的表达、释放，中国人在生气的时候，最本能的反应都是：我忍！我忍！我再忍！不管我们在生活和工作中对待愤怒采用的是哪种方式，都会存在一个"度"的概念。愤怒过了头，伤人伤己。但凡释放的时候失控，不假思索的话语、粗暴野蛮的举动都会伤害对方。所以，易怒的人要有怒后反思的习惯，如此才能成长。

如果不将愤怒释放出来的话，所带来的结果就会走向另一个极端，即压抑、退让。压抑自己的情绪和想法，退让自己的尺度与原则。压抑多了，自我就没了，委屈、沮丧、自卑、受挫，全都来了。

怒火中烧、情绪失控只会让事情的矛盾进一步加大，那不是赢，而是一种大输；唯唯诺诺，毫无张力只会让人被情绪绑架，不会有什么建树。一个人想要赢，就必须学会控制自己的怒气、控制自己的情绪，懂得如何疏解与转化，一来不随便发怒，二来不随便被激怒。

带着情绪去解决问题，只会让问题越来越严重。容易愤怒的人常常会做出蠢事，将自己置于危险的境地；相反，那些用平常心去处理事情的人，更容易成功。怒气就像是一团熊熊燃烧的火焰，如果挑拨它，只会越烧越旺。只有将底下的木柴抽走，怒气才会慢慢熄灭。这是为人处世之道，也是一个人的修身养性之境。

所以我们关注的核心，并不在于是不是应该发怒，而是考虑造成这种现状的根本原因，把注意力的焦点转移到"我为什么会发怒""我要不要改变现状""我要怎么改变"三个要素上来。在教练技术中，可以通过四个步骤化解内心的愤怒。

第一步：怒火中烧的时候，不妨停下来。停下手中的事，停下眼前的事，让内心平静下来，而不是让愤怒之火继续燃烧。如果停不下来，就换一个方式——去另外的地方。这种停是一种"胜利式的逃避"，不用尖锐之物去碰撞尖锐之物，这样赢的概率就会大得多。

第二步：停下来之后，就需要多想，想什么呢？想自己的理想和目标。每位成功者都有一个共同的特点，就是对情绪的控制，他们能在极短的时间内转化自己的情绪，很多学员觉得奇怪，他们是怎么做的？其实很简单，他们所做的一切都是从自己的理想和目标出发，因为他要的不是争一时之胜，而是成为人生赢家。

第三步：无论什么时候，都要清楚自己的选择。选择对了，方向就对了。"选择远比努力要重要得多。"你选择老死不相往来，那么就失去了一个可以帮助的朋友，你选择化干戈为玉帛，那么就多了一条帮助自己成功的道路。所以我们往往要选择去接受看上去不合理、不符合我们价值观的内容，这是一种博大，也是成功者必备的品质。

第四步：动手去做吧，把怒火通过其他的方式转移出去。情商高的人能随时转移自己的坏情绪；相反，有的人几年甚至几十年都不知道怎么转移，让怒火一直在内心燃烧，殊不知怒火最终烧死的只会是自己。所以，我们需要从想要证明自己是对的情绪中，转移到怎么获得最后胜利的行动中。要时刻提醒自己，你的目的是什么，应该放下自己的主观感受，从一个更广泛的角度去接受事实。

当一个人能够控制内心的怒火时，他就是一个内心平和的人，人们会愿意接近他，那么他的朋友就会越来越多，路也会越走越宽，自然会赢到最后。

学员心得

人为什么会愤怒？愤怒的原因就是：我们用自己的标准去衡量别人，当别人做错了，我们就愤怒，这也是一种自动化反应。

教练课程里，老师是这样向我们解释的：我们每个人都有自己的"滤镜"。这里的滤镜就是指我们的信念——认为对的东西和老师父母教授的经验，通俗地说，就是我们对周围人和事的看法和标准。当我们戴着"滤镜"去看待周围的人和事的时候，我们会产生抗拒，进而产生一系列自动化反应，比如闹情绪，结果就会指责别人。

如何才能不愤怒，其实最重要的是修行自己，也就是佛家所说的观照。这个世界上不存在完全相同的两片树叶，更不存在完全相同的两个人，我们为什么要求别人的看法和想法跟我们完全相同呢？如果我们努力修行自己，扩大自己的包容心，我们就能放大自己的格局，不拘泥于眼前；我们格局大了，遇事会审视自己，不会把责任推给他人，敢担当、敢挑战、敢面对，遇事能跳出格局，完美解决让人头疼的复杂事物，达到人生更高、更完美的境界。

所以说，修行好了，格局就大了，世界也就小了，那我们就不会愤怒了。

——孙　嘉

中国韵味妈妈产后修复连锁机构　董事长

穿过死亡，才能活出生命的精彩

帆醒人生

> 我经常和朋友们开玩笑："自从我来到这个世界上，我就没想着活着离开。"在我看来，穿过死亡向前活是一种生与死的豁达。只有直面死亡的人，才知道生命的可贵，才会更加珍惜活着的每一天，珍惜身边的每一个人。

有一天早上，我在镜中看到自己的头发全白了。我才忽然觉得，自己老了。以前我一直认为自己还很年轻，可是看到镜子中的白发，我突然意识到自己已经55岁了，或许只剩下不到20年的时间。这时，我感到时间消逝的可怕，自己还有很多事情没有完成。我应该珍惜每一分每一秒，去做人生中有意义的事情。

从那以后，我就给自己制定了一个规则，那就是穿过死亡向前活。很多学员觉得奇怪，这是一种什么样的活法？其实很简单，在剩下不到20年的时间里，我倒着向前活，今年20岁，明年就19岁，后年就18岁……这能随时告诉我，每活一年就会减一岁，同时生命就会少一年，我必须把握住时间，而不是浪费生命、蹉跎岁月。

生是偶然，死是必然。生命本就是一个倒计时的游戏，自我们出生开始，就一步一步走向死亡，没有人能改变这个结局。在有限的生命中去做无限的事，生命就不应该纠结于得失，更应该豁达。今年18岁，明年17岁。每一个数字的变化都在告诉我们，生命正在流逝，属于我们的时间越来越少。生命的价值在于不断地创造和努力，今天的你过度纠结生活的苦乐，那么明天的生活依旧如此。与其花时间去抱怨，不如好好珍惜生命的价值。

事实上，死亡并不可怕，它是每个人的必经阶段。人一旦能面对死亡，整颗心就会变得坦然起来。试问，我都要死去了，还纠结这些做什么。这是一种自我释放的心态，只有经历过生与死，才能看开很多原本看不开的事情。

从死亡线上爬出来的人，会比平常人更加珍惜生命。他们知道生命只有一次，而自己已经死过一次，这次的生命是上天的恩赐。所以他们对待生活的方式将更加豁达、富有智慧。

当我们这样去做的时候，心态就会发生明显的改变。当你早上对着镜子告诉自己又少了一天，更应该珍惜生命时，人会变得越来越可爱，对待人和看事情的方式都会发生变化。做起事来更积极、更卖力，不会因为一时之得失而忧心。

松堂医院是一家临终关怀机构，每次我带学员去医院时，感悟都非常深。那些老人们虽然已是耄耋之年，但是他们的乐观和积极感染着每一个人。他们仍旧在自己的生命里创造属于自己的快乐，而年轻的我们，还有什么理由去浪费时光呢？

我觉得，生命中的遗憾非常可怕，正是有这种可怕的存在才必须珍惜每一天。在试着倒着去生活时，我发现，原来觉得很累的人生，现在变得通透了。这是一种使命感，也是一种庄严的仪式感。要知道，对一个人来说，死亡并不可怕，可怕的是这一生当中从没问过自己有没有后悔过，有没有留下遗憾。

如果在生命的最后，回顾这一生时发现自己做了该做的事，没留下任何遗憾，那么这一生就是成功的。很多人都会带着遗憾离开这个世界，因为他们知道这一生当中还有很多事情没有完成，失去了很多。所以，他们需要向牧师忏悔。既然最终的归宿如此，为何不在活着的时候好好珍惜时间。

现在很多人按能活200岁的寿命基数去生活，认为自己的时间很多，结果不懂得珍惜时间，最终错过了生命中最精彩的部分。千万不要以为自己还有很多时间，当你意识到自己已经没有多少时间时，就会爆发出很大的能量来，这种能量原本就是你的一种能力，只不过现在的你更加集中，更能创造属于自己的价值。

从死亡向前活的人，会比平常人更感受到生命的珍贵，感受到生活的艰辛与不易，他们在看待问题的时候，便会拥有更加开阔的视野，不再因为琐碎的小事而烦恼，不再因为小小的得失而焦虑，不再因为生活的不如意而纠结，那将是一个轻松、明朗的自我，一个更加富有激情和创造力的自我。

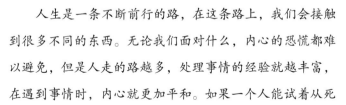

学员心得

　　人生是一条不断前行的路，在这条路上，我们会接触到很多不同的东西。无论我们面对什么，内心的恐慌都难以避免，但是人走的路越多，处理事情的经验就越丰富，在遇到事情时，内心就更加平和。如果一个人能试着从死亡向前活，那么原先肩上的那些负重就会跟着一并减轻。

　　原来你所焦虑的事，突然就会变得不再焦虑了，因为你明白这些事情不算什么，所谓的焦虑只是内心的障碍，心理不够成熟的标志。当一个人的心理足够成熟，所经历的事情越多，所走过的路越多时，焦虑便不再是问题，因为他的内心平静如水，这种淡泊于事、泰然处之的态度便是一种大智慧。

——王文喜

鹿王实业投资（集团）发展有限公司　董事长

指责你，是因为你已经成为了焦点

当有人开始指责你的时候，恭喜你，你成为了人们关注的焦点，正在快速成长。你不需要做什么，只要成长得更快，当你遥遥领先于他们时，这些指责都会消失。

在我看来，这个世界上要接受别人的指责是一件非常难的事。即使我们知道自己做错了事，但是因为面子，往往仍然会咬定自己没有做错。这种举动很正常，究其原因，就是因为我们没有完全看懂这些指责。指责大体分两种，一种是善意的批评和点醒，另一种是负能量的斥责。

那些善意的指责会让我们知道哪些地方没有做好，哪些地方准备得不充分，这样我们才能改正并完善它们，下次不犯同样的错误。富兰克林说得好："批评者是我们最好的朋友，因为他会指出我们的缺点。"虚心接受这些指责，只会让我们的路走得更加顺畅。如果连善意的批评和点醒都不接受，并不会为自己赢取面子，相反是把自己的面子和尊严踩在了脚下。如果对方的严厉程度的确超出了自己承受的范围，就对自己默念："感谢他对我的帮助，他只是用了我暂时接受不了的方式。"

而那些最让我们难以接受的则是充满了负能量的斥责，它带给我们的是自己用尽全力仍然无法达标的低落感，是对方搬弄是非后受尽委屈的沮丧，是令自己难堪窘迫的无奈。相比于前者，这种指责才是真正不值得去关注、不值得令自己纠结、不值得反击的。

因为它们聚焦针对的是人，而不是事情本身。

当有人开始指责你的时候，恭喜你，你已经成为了关注的焦点，正在快速地成长。面对指责，你只需要微微一笑即可，用自己内心的阳光去照亮对方的阴暗。你不需要做什么，只要成长得更快，当你遥遥领先于他们时，这些指责都会消失。

学员心得

　　无论是谁都不喜欢被人指责，但是被人指责，特别是当面指责的时候，一定要保持冷静，不要因此而大动干戈，要等对方说完之后，仔细想一想，他说的究竟对还是不对，再决定怎么去解决这个问题。

　　如果对方的指责是正确的，确实自己做错了，这时要放下面子，及时改正自己的错误，与其欲盖弥彰，还不如大方地承认，告诉别人你是一个大度的人，这能为自己赢得一分好感，不至于完全陷入尴尬的境地。

——李秀青

北京西国贸电子商务有限公司　董事长

世界不亏欠你，千万别把自己当受害者

帆醒人生

> 一个人如果活得"小"，那么他将永远被伤害；一个人活得"大"，那么就没有什么能够伤害到他。

有时候，人人都是受害者；有时候，没有人是受害者。为什么？因为一个人究竟是不是受害者，不在于所经历的事情本身，而在于他的内心。如果一个人拥有受害者心理，那么遇到再好的事情，也会把自己当作受害者，从受害者的角度来看问题，最终无法看清本质。

一个人认为自己是受害者，这是非常要命的，这种心态让人把矛盾指向外界，而不是从自己的角度去反思问题。有时候，本来自己做错了，却因为拥有受害者心态，反而认为自己是对的，别人才是错的。一叶障目，不见泰山。我们一旦认定自己是受害者，往往会"弄假成真"，在把自己的一切都归结到生命不幸的同时，也拒绝了自己本应该承担的责任。

有一个学员来听我的课，给我讲了这样一件事。大学毕业后，他到北京找到了一份工作，当时老板给他的承诺是8％提成，于是他努力完成了项目，算下来差不多有10万元的奖金。可是到最后，老板只给了他8000元。他觉得在这件事上，自己就是一个受害者。

我问他："为什么觉得自己是一名受害者？"

他说："老板看我好欺负。说好的提成，到最后却只给了十分之一都不到，这还不是受害者？"

的确，这就是一种受害者。但是当我们回过头来看问题，思考为什么他会成为受害者时，就不难发现其中的问题。

我又问他："你为什么选择这家公司？"

他说："当时大学刚毕业，学历不够，只能选择这家公司。"

接着，我又问他："在这个项目中，你的老板有没有赚到钱？"

他说："老板前前后后一共投入了四五十万元，到最后可能也没赚到什么钱。"

他这样一想，突然就明白了。老板在这个项目中没有赚到钱，能拿出8000元给他已经不错了，可能这8000元是老板自己掏腰包给的。

这样一来，他之前的"受害者"心理自然而然地瓦解了。

那些刚踏入社会的青年，最容易产生"受害者"心理，因为他们本身不够自信，喜欢用自己的道理去评价别人的道理。当你用自己的道理去评价别人的道理时，你自然就受伤害了。或许你听到的只是你的理解，并不是他人的理解。

一个人要是觉得"整个世界都欠他的"，那么他就很难看清楚问题的根本原因所在。当人踏入社会之后，就应该为自己的人生负起责任，也没有谁一定有义务完全帮助你，凡事都要用另一种心态来看问题，而不是把自己当作生活中的唯一。社会的秩序是在长久的摸索中建立起来的，不会因为一个人的离开而有所改变。没有哪个人能成为绝对的主宰，只有将自己放置在社会之中，扮演自己应有的角色，做好自己应做的事，人生才会精彩。当一个人觉得整个社会都错了时，绝不是别人出了问题，而是他自己出了问题。对朋友的不满、对生活的不满、对工作的不满、对上司的不满，只会让人的心理状态越来越差。

每个人都受过不公平的待遇，有的人能够妥善处理，有的人却陷入其中，无法跨过这个坎儿。这类人在心理上就被自己打败了，将一些很小的事记在心里，成为自己不作为的理由，这样的人是不值得同情的，也不可能赢。所以，我总是告诉我的学员，不要把自己当作受害者，而应该把自己当作参与者，坦然面对最坏的结果。

我特别喜欢这样的一个故事。1990年，曼德拉从监狱中走出来，他在全世界的欢呼声中重新获得自由，他是这样说的："当我从监狱里走出去的那一刻，我就明白，如果我不能把这些年的痛苦和怨恨留在身后，那么我仍然相当于生活在狱中。"

这正是一种从"受害者"心理转移出来的典型代表，正是因为如此，曼德拉才没有生活在痛苦之中。四年后，他成为南非的总统，在总统就职仪式中，他还将当年看守他的狱警请到了现场，这是一种博大的胸怀。

一个人之所以容易被伤害，是因为他生活得太"小"了。如果他能生活得"大"一点，那么就没有人能中伤于他。就像曼德拉，他生活得"大"，再大的伤害对他来说都不算什么。你活得"小"，那么就永远被伤害。

事实上，一个失败的参与者，比一个成功的受害者要有用得多，更能让自己全力以赴。记住，这个社会从不亏欠任何一个人。人生活在社会中，只能去创造，而不是抱怨，过多的抱怨只会让自己脱离应有的轨道，而不会让生活越变越好。要想生活越来越好，就不能把自己当作受害者，要积极乐观地面对每一种挑战。

学员心得 🔍

　　每个人心中都有一种倾向，就是成为"受害者"。在他们看来，受害者是值得同情的那一方，会削弱在错误中应负的责任。事实上，受害者给人的印象并不好，甚至会让人产生一种"怨气过大"的错觉。

　　一个消极的人，是永远不可能走上人生巅峰的。只有那些敢于承担责任，积极向上的人才能赢得人生。受害者心理只会让人越来越消极，而不是积极起来。在我看来，这种心态就是一种逃避。在生活中，如果一个人将所有的怨气都归结于环境和他人，那么他是不可能拥有很多朋友的，他的圈子必然会越来越窄、越来越小。

　　生活中没有绝对的公平，但是有相对的公平。它不会偏袒任何一个人，也不会存心将一个人完全置于绝境之中。当一个人成为受害者，并以这种角色而自居时，那么他就被失败和挫折打败了。只有勇敢地站起来，才能战胜一切困难，赢得属于自己的人生。

——汤　浩

北京市汉鼎联合律师事务所　合伙人

个人成长

感恩练习——用感恩的眼睛看世界

练习效果

　　每个人生命中都存在"怨气"，同时也拥有很多值得感谢的人和事。通过这个练习，将自己从委屈、受害的情绪里释放出来。请相信，只要你坚持做下去，坚持一个星期，坚持一个月，焦躁的情绪一定会得到平复，你会发现生命中处处充满感恩，并能用理性的思考去解决问题，化解生活中的矛盾。

练习方法

　　这是一项每天必做的功课，无论什么时间、什么地点，你都可以做，不妨在每天晚上睡觉前拿出一个小本子，记录下今天值得感恩的二十个人和二十件事，你不需要甄别，不需要分辨，只要你觉得值得感恩，那么就记录下来。

　　今天值得感恩的二十个人：

　　1.＿＿＿＿＿＿＿＿＿＿＿＿＿＿＿＿＿＿＿＿＿＿

　　2.＿＿＿＿＿＿＿＿＿＿＿＿＿＿＿＿＿＿＿＿＿＿

　　3.＿＿＿＿＿＿＿＿＿＿＿＿＿＿＿＿＿＿＿＿＿＿

......

今天值得感恩的二十件事：

1.＿＿＿＿＿＿＿＿＿＿＿＿＿＿＿＿＿＿＿＿＿＿

2.＿＿＿＿＿＿＿＿＿＿＿＿＿＿＿＿＿＿＿＿＿＿

3.＿＿＿＿＿＿＿＿＿＿＿＿＿＿＿＿＿＿＿＿＿＿

......

养成感恩的习惯，你的世界会大有不同，感恩得越多，你得到的帮助就越多。

第二章

逃避与承担

产生消极是本能，驾驭消极靠本领

帆醒人生

消极是一种病。潜意识中的消极让人本能地选择逃避，无论多么好的机会摆在面前，也会因为消极处之而失去。所以，我们要克服消极的、钻牛角尖式的思维方式，用积极乐观的态度去面对困难。

我们一个学员近期在转岗，有一位新的师傅在教他。虽然他进入公司已经很久了，可以说是一名老员工。但是对于新岗位而言，他却是一个新手。他在服务客人时常跟着师傅一起操作，但是师傅却只是让他打下手，并没有给他安排实质的工作。时间一久，他觉得在新的岗位中与客人接触的机会并不多。

这样一来，他的内心就出现了变化。原本转岗之初的热情一下子被浇灭了，取而代之的是一种沮丧和消极的情绪，认为自己在这里学不到东西。这个学员最后选择了辞职，但当他到另外一家公司的时候，却发现和上一家公司没什么区别。他始终觉得自己在岗位上学到的东西太少了，没有师傅肯教他东西。为此他很苦恼。

我告诉他："在人的一生之中会发生很多很多事情，当事情发生时，如果我们用消极的眼光来看这个世界，那么就会产生一种负面的情绪。这种情绪会让内心极度消极下去，最终产生一种抗拒心理。"

这个学员认为师傅没有教他东西，从而产生了抗拒。这种抗拒让他觉得自己在原有的公司没有前途可言，最终选择了换一家公司。事实上，这就是消极思想的体现。

积极的人就像是天空中的太阳，无论他去哪里，都能将那里照亮，因为他更愿意看到好的一面，而不是坏的那面。消极的人就好比是月亮，从初一到十五都会呈现出不一样的面貌，他们就是这样阴晴不定，让人无法琢磨。

要知道，每个人的行为都是由思想来控制的，一个人的思想怎么样，他反映出的行为就怎么样。健康的思想自然会让事情变得简单起来，无论遇到什么都不会被打倒；相反，一个人的思想若是被消极的情绪所主导，任何一点小挫折在他心里都会被无限放大，最终影响到他的成功。

我记得爱因斯坦曾经说过这样一句话："我们创造世界的过程，就是如何思考的过程，想要改变世界，就必须先改变我们的思想。"

一个人的思想是积极还是消极，在很大程度上决定着他的格局。心理研究表明，每个人的心理都存在着消极的一面，同样也存在着积极的一面，当消极的那一面被放大，成为一种潜意识之后，人就会做出一种逃避的本能行为。无论他遇到什么事，首先想到的不是解决问题，而是逃避问题。但是逃避无法将问题解决，只会让问题越来越糟糕。消极的思想是可怕的，想要成功的人必须对抗这种思想，让自己积极起来。

当一个人拥有坏习惯，总是重复消极的想法时，这种想法会令人的心态发生转变，言语间也会时常吐露出"我好失败"或是"我讨厌现在的生活"这样的话来，当这样的思想成为一种潜意识之后，他就会变得消极。

人生需要正能量。当一件事情发生时，积极的人永远能看到自己的理想和目标，而不是拘泥于当下发生的情景，即便现在的事情发展并没有预想中那么好，但是对于理想和目标来说，却是推进了一步。那么面对再不好的环境时，他都会选择接受，而不是抗拒。自然就会从消极的情绪中走出来，用积极的态度去看待身边的事。

当我们考虑问题的方式发生改变之后，消极的情绪也会消失得无影无踪。我们不能强制对抗消极，相反，要让它成为心理的一种，用另一种心理去替代，使原本不好的情绪向好的方向流转，变成一种积极乐观的思想。无论消极的思想在骨子里有多深，只要我们能建立起一种反射机制，将这种思想及时转入到积极的洪流之中，那么在处理事情的时候自然会积极乐观起来。

学员心得

　　消极的人看什么都是糟糕的，即使是好事，在他们眼里也会成为坏事。积极的人则不同，他们看什么都是好的，即使是一件看起来不好的事，他们也会找到好的一面。

　　世上的事情没有绝对的好与坏之分，只有乐观和悲观的区别。同样一件事在消极的人眼里和在积极的人眼里是完全不同的。当一个人手里有十元钱的时候，消极的人会说：我只有十元钱了，接下来怎么办？但是积极的人却会说：我还有十元钱，没有走到绝路。消极的人会因为只剩下十元钱而迷茫，不知道接下来怎么走。但是积极的人却因为还有十元钱而庆幸，乐观地寻找出路。可想而知，同样是十元钱，最终所带来的结局也不相同。

　　我们想要赢，就应该摒弃消极的思想，积极乐观面对生活中的困难，而不是因为小小的挫折和失败而垂头丧气、不知所措。在任何一个领域，赢者都具备积极的心态，并将这种心态深入到骨子中，使它成为一种习惯。

——贺东玲

内蒙古曙光工程建筑有限责任公司　总经理

神奇的五个字——"这是我的错"

帆醒人生

如果是你的错，主动认错就是一种敢做敢当的勇气；如果不是你的错，主动认错就是一种格局和胸怀。

每个人都会犯错，大错小错总是充斥在生活的每一个角落。如果有人跟我说他一生从没有做过错事，我是绝对不会相信的，因为错误就像是影子一样，无时无刻地跟随着我们。有些人在做错事之后，敢于说"这是我的错"，有些人则永远认为"这不是我的错"。虽然只有一字之差，却是天壤之别。

承认错误是一种态度，并不是说你真的错了，而是你在事情发生之后，敢于主动承认自己的问题，进而将事情推向更好的方向。承认错误需要勇气，但是生活中大部分人都不愿承认错误，他们会选择死扛到底，抱着一种"我只要不承认，你就拿我没办法"的心态。事实上，这样的人的将来会越来越"小"。敢做不敢当的人往往会失败。

在公司的月度总结会上，老板对财务部的报销数据进行了批评，原因是销售部的报销额度远远超出了当月的财政预算。财务部的主管即将受到老板严厉的批评。

这时，销售部的主管站了起来，表示这是他的错误。因为他没有严格控制当月的报销额度，没有将额度合理地下达和分布下去。单就电话费报销就比上个月多了一倍。

但是，老板并没有批评他。因为上个月是公司的周年庆，各个部门都在冲业绩，作为业绩的主要来源，销售部的压力可想而知。为了完成公司制定的目标，销售部的员工深夜都在打电话回访顾客，报销的额度自然会大大增加。

这个故事中，老板或许看到的只是表面上的数据，对于深层的原因并不一定清楚。销售部的主管主动承认了自己的错误，将责任揽在自己身上，很好地化解了财务部主管的担子。老板自然清楚销售部为何会在月度工作中产生如此大的报销额度。如果说，销售部的主管不主动承认错误，那么下一次销售部再想报销费用时，财务部一定会严格控制，这样一来很容易影响当月的销售任务。这是得不偿失的。

所以，"这是我的错"具备神奇的力量，它能将一个人的格局最大化提升。如果本身就是你的错，你承认错误，那么这就是一种敢做敢当的勇气；如果不是你的错，你仍然承认错误，这就是一种格局和胸怀，能化解绝大多数的争执。

比如两辆车不小心相撞了。如果都不承认错误，结果会怎么样？如果有一方主动说抱歉，结果又会怎样？主动认错会更快地化解矛盾。对方会因为你的主动而不再嚣张跋扈，矛盾就会化解。

在我的教练生涯中，很多学员都会问我成功的秘诀。其实成功没什么秘诀，靠的是一点一滴的积累。如果说真的有什么秘诀，我想应该是尽量少犯错误。人的一生都会犯错，没有谁一个错误都不会犯，那些成功的人只是犯的错误更少罢了。又有学员会问："那么应该如何少犯错误呢？"我的答案是："主动解决错误。"完全避免错误是不可能的，再仔细的人都会犯错误，关键在于犯了错误之后，你能不能将这个错误解决掉，这样错误就不再是错误，而会向着相反的方向发展。成功者犯的错误少，是因为他们懂得承认、承担、解决错误，而不是刻意避免犯错。

成功其实很简单，就是将每一个错误的损失降到最低。错误并不可怕，可怕的是我们在犯错之后，不愿意承认错误，逃避应有的责任。殊不知，再怎么逃避，所犯的错误仍旧需要人来承担。"特里法则"告诉我们："承认错误是每一个人的力量源泉，因为正视错误的人会得到更多额外的东西。把错误推到别人的身上，想方设法为自己辩护，只会让自己失去更多。可能机会就是在这种辩护之中悄悄溜走的。"

很多时候，敢于承认错误会得到别人的谅解和体谅。人是在反复不断的犯错中成长起来的，犯错之后，主动承认错误，从中汲取经验，人生才会进步。更重要的是，当我们勇于承认错误的时候，生命也就变得更有力量。

学员心得

错谬和真理是对等的，它们没有绝对的界限。在科学的法则中，最重要的一点就是能否证伪，意思就是能否通过一定的方法和手段去证明它是错误的，如果没有，那么这条定律、真理就无法得到检验，也就无法产生科学上的说服力。

人也是如此，只有通过犯错才能慢慢成长起来，一个人想要完全不犯错误，那么它就永远不可能成长，永远不能接触到真理。犯错并不代表什么，更多人看重的是犯错之后的态度，如何处理所犯下的错误，在很大程度上体现着一个人的精神素养。

有的人在犯错之后，第一反应就是逃避、推脱责任，而不是想办法去弥补。要知道有些错误在主动承认之后，就能及时找到弥补的方法，损失也会降到最低。的确，推诿过错是人的一种本能，但是直面错误的人才能成功。

承认错误本身就是一种勇气。很多职场上的工作人员会因为一次小错而失去机会，其实原因主要在于遇到错误后只是逃避，而不是承认错误、想办法解决错误。只要错误一直在，我们就没有办法完全脱离干系，只有主动承认，积极寻找解决的办法，才能将错误彻底解决。每一个解决错误的过程都是成长的过程，都是人生中最宝贵的财富。

——杨振宇

内蒙古宇洋建筑装饰装潢有限责任公司　董事长

扁担世界观：承担我所承担的

帆醒人生

> 承担肩上的责任是人最重要的本领，也是人必须学会的本领。责任与机会往往是对等的，能承担多大的责任，就会拥有多大的机会。

每一个人肩上都有自己的责任，无论什么时候都应该承担起来，而不是逃避。只要人生活在世界上，就会犯错误，有的人会在同样的问题上一错再错，有的人则不会让相同的错误再次发生。事实上，只有敢承担自己肩上的责任的人才能成为生活的强者。那些一味逃避错误的人，往往只会错上加错，最后陷入无法自拔的境地。

有一匹马，它每天要驮很多货物，因此它对自己的生活非常不满，总是不停地抱怨生活，不是怪天气太热，就是怪东西太重，它觉得自己非常委屈，工作实在是太辛苦了。它不喜欢这样的工作，但是它必须进行下去。

有一次，它驮着一大包盐去城里，在通过一座独木桥的时候，它不小心掉到了河里。当它从河里爬起来之后，发现背上的东西轻了很多，因为盐碰到水都化了，它非常高兴，认为自己是因祸得福。

又过了几天，它再次驮着东西经过这座独木桥，聪明的它故意摔到河里，它盼望着能像上次那样减轻背上的重量。但是这次当它爬起来之后，却发现背上的货物越来越重了，原来这次它驮的并不是盐，而是棉花。

这匹马和生活中的大多数人一样，对于生活总是心生不满。为了生存，人必须不断地劳动，通过劳动来养活自己。就是这样，还是觉得累、觉得疲惫，事实上这类人都是不愿意承担责任的人。既然活着，就必须为了活着而努力拼搏，而不能因为普通的生活而抱怨这、抱怨那。我从来都没有听过哪个成功者每天都在抱怨、他们常常感谢生活给予的机会，而不是抱怨人生的劳累。

如果一个人不能承担起自己的责任，那将是一件非常悲哀的事。世界上没有免费的午餐，没有不劳而获的成功，只有付出之后才能有收获。我相信，一个人能承担多大的责任，他将来就能有多大的成就。

工作中的一个失误并不能决定什么，也不能说明你的能力和水平不行。记住，不是让你不犯错误，而是让你在犯错之后及时承认，然后负起相应的责任，下次不再犯错。勇于承担工作中的责任是一种敬业精神和职业道德。

如果是自己的责任，无论如何都要全力承担，一味地推卸只会让自己陷入两难的局面。还不如诚恳地承认错误，积极寻求补救的措施，将损失降到最低。事实上，不愿意承担责任的人，到最后永远是吃亏的那一个。有时候，面对错误及时承认并不是一件坏事，也是处理事情的最佳办法。

所以，人活在这个世上，应该承担起自己的责任，拥有承担意识，这样才能站在人生的高点。试想，一个不愿意承担家庭责任的人必然不是一个有担当的人，只会让人唾弃；一个不愿意承担起生活压力的人，必然是一个没有出息的人，永远不可能做出一番事业。承担责任是一个人最基本的素养，也是成功者必备的条件。

学员心得 🔍

　　没有负担的人生是不存在的，那些不愿承担责任的人往往都是生活中的输家，不可能取得成功。真正的赢家都是敢于承担的人，因为他们敢承担责任，所以不害怕失败，内心的力量更强大，敢于尝试每一种可能，所以他们成功的机会就更多。

　　要知道，人这一生说长不长，说短不短，最可怕的就是逃避责任、不去奋斗，因为害怕犯错，一直待在原地。这样的人生将彻底失去意义，没有任何值得别人称赞的地方。没有谁能代替另外一个人的生活，每个人的生活都应该自己走，责任也应该由自己去承担。从来没有谁有义务替代另外一个人承担责任。

　　自己的人生应该由自己来负责，而且要负责到底，而不是一味地推卸责任，越是推卸责任的人生就越失败，越不可能成功。每个人活着，就应该为自己的言行负责，无论最终的结果是好的还是坏的，都应该由自己来承受，而不是逃避。

——周　勇

宜昌市东风水电工程建设有限公司　项目经理

"我"是一切的根源

帆醒人生

一切结果的缘由往往并非事物本身，而是我们自己——"我"是一切的根源！

我们生活在一个纷繁复杂的世界，每天会与各种人打交道，遇到各种各样的事情，产生各种各样的问题和矛盾。因此，我们的人生并非一帆风顺。但是，即便再如何不如意，请不要怨天尤人，也不要怪罪他人，更不要推卸责任。

在某个大型企业的招聘会上，一位年轻人前来应聘，他的各项成绩都非常棒，面试结束时，考官问了他一个问题："年轻人，请问你原来工作的公司是怎样的公司？"

年轻人皱了一下眉头说："别提了，那是一个让我感到失望和伤心的地方！之前公司同事之间关系非常虚伪，表面上维持一团和气，暗地里却钩心斗角，没有人会付出真心，没有值得交的好朋友，必须非常谨慎地共事。而且在那里工作，我每天要面对一大群难缠刁钻的客户，处理大量复杂困难的事情，更令我伤心的是，我兢兢业业这么多年却得不到提拔重用，有的同事比我进公司晚，职位和薪酬却比我高，我认为我原来的上司埋没了我的才华，让我在公司无用武之地。"

考官默默地听年轻人说完，说道："那你肯定会非常失望，我们的公司与你原来的公司一样，所以不适合你。"年轻人失望离开，心中抱怨考官不公。

下一位年轻人的各项成绩也都非常棒，考官也问了他同样的问题，而这一位年轻人扬起眉梢，兴高采烈地回答："我原来的公司同事都非常好，彼此之间都能相互关心、相互照应、相互帮助，就像一个大家庭一样，上司像家长一样照顾呵护我们，从不埋没我们的成绩。所以我感到非常温暖。"

考官又问："既然你的公司那么好，那你为什么要跳槽呢？"

年轻人回答说："我已经掌握和熟悉了原来公司的业务技能，但是我很年轻，还需要学习更多新的东西。"

考官微笑地注视着这个年轻人："那么恭喜你，我们公司可以为你提供一个学习和展示才能的平台，而且公司的同事都像你以前的同事一样，心中充满爱，相信你能与他们相处得很好。"年轻人心中充满感激。

两个同样优秀的年轻人前来应聘，一个失败，一个成功；一个失望而归，一个如愿以偿；一个对考官充满抱怨，一个对考官心存感激。究竟是考官不公还是应聘者自身的问题呢？很明显，应聘的结果由应聘者自身决定，而不是考官。

教练与学员常分享的一个理论就是"玫瑰园理论"："这个世界永远不会有真正属于你的玫瑰园，除非你自己愿意亲自去种玫瑰。"同样，这个世界也同样不存在能够让你感到满意的团队，除非你自己愿意去塑造；这个世界也不会有令你满意的客户、职业甚至商业环境，除非你自己愿意去经营和创造。

无论我们在怎样的一个集体或者团队中生活和工作，都离不开人、事、物之间的相互作用，都会出现这样那样的问题，会产生各种各样的矛盾，会遇到各种不尽如人意的事情。但无论遇到什么样的境况，都要先回头看看自己，只要自己有爱心、肯奉献，敢于承担责任，与同事打好交道，就会创造出健康和谐的环境，自己才会心情愉快地与同事一起工作，才会不断得到提升，才有机会得到同事和上司的认可。

要想拥有玫瑰园，需自己亲自播种；要想闻玫瑰花香，需自己浇水、施肥。"我"是一切的根源，"我"是一切的决定性因素。我们现在拥有的一切，所处的环境都是自己创造出来的，所谓"先做人"是指自己要先学会做人、做好人，而不是总期望别人会做人、做好人。要想拥有幸福家庭，就要自己用心去经营；要想拥有良好的工作环境，就要自己用心去打造；要想拥有好的职位和较高的薪酬，就要自己付出不懈的努力。

"我"是一切的根源，凡事均需从自身寻找原因，真正了解自己是进步的开始。要想获得事业上的成功，就要从自身寻找根源，要从遇事自省、提升自我开始。在生活中，我们经常遇到这样的场景：两辆车在马路相撞后，车主往往会同时脱口而出："你是怎么开的车？"这几乎是所有人的弱点，出了问题从不想想是不是自己的责任，而是马上先指责和怒斥别人。如果我们都不从自身寻找原因，而把责任一股脑儿地推给别人，那么我们永远都不会与环境和解，因为我们怎么对待环境，它就怎么对待我们。要想世界不黑暗，自己就要光明；要想不会彻底绝望，自己就要心怀希望。俗话说得好："种瓜得瓜，种豆得豆。"种下玫瑰，自己就会拥有玫瑰园，享用玫瑰花香；种下荆棘，自己就会生活在荆棘丛中，时时处处受伤。生活是我们心灵投射其上的大银幕，你的心灵怎样，银幕上就会映射什么样的影像；世界就是一块回音壁，你怎么呼唤，它就怎么回应。

"我"是一切的根源，要想改变一切，就要先改变自己。我经常跟学员提到这样一个寓言故事：

一只乌鸦离开故土，飞往东方。途中劳累便在一棵树上休息，一只鸽子恰巧也在树上玩耍，看到乌鸦飞得如此辛苦，便关切地问："乌鸦大哥你如此劳累，你要飞到哪里去呀？"乌鸦非常伤心，然而又愤愤不平地说："其实我真的不想离开故乡，可这里的居民都不喜欢我，他们都嫌弃我叫的声音太难听，所以我不得不搬家。"

好心的鸽子劝乌鸦说："如果是这样的话，你就别白费力气搬家了，因为如果你不改变声音，就算搬了家，那里的居民也不会喜欢你。"

这则寓言中的乌鸦由于自身存在问题不受居民欢迎，可是它却想通过变换环境来改变自己的命运，其实如果自己不作出改变，即便是改变了环境也是无用的。因为如果不改变自己，问题就会一直存在，无论走到哪里，都会得到同样的结果。正所谓一个人如果不会游泳，即便换再多的泳池他也不会游泳；一个不懂爱情的人，即便换再多的伴侣也不会找到真爱；一个不懂经营家庭的人，即便换再好的爱人也不会幸福美满；一个人如果不懂养生，不珍惜自己的健康，即便医疗条件再好，也不会延长他的寿命；一个不会做事的人，即便不断换工作也不会提升自己的能力，不会获得成功；一个懒惰、不爱学习的老板，即便获得成功也不会有持续发展……

"我"是一切的根源，万事皆因"我"而起，自己变了，一切也会改变。每个人的世界都是由自己造就的，每个人的一切都是由自己亲手创造出来的。自己心中有玫瑰，才能看见别人心中的玫瑰；自己心中有阳光，周围的一切就会充满阳光；自己心中充满爱，自己就会生活在充满爱的氛围里。相反，如果自己每天抱怨、挑剔、指责、怨恨，自己就生活在"地狱"里。因此改变一切就要从改变自己开始，从突破自己开始。

"我"是一切的根源，那么，怎么才能突破自己呢？当我们不如意时，总喜欢怨环境、怨他人。其实，生命当中的一切都跟自己有关系，当你改变了，结果也就改变了。改变自己就是突破自己。简单地说，就是没有无缘无故的成功，也没有无缘无故的失败，这是一个规律。要想使你的生活发生改变，就必须从改变自己开始。那么该怎么改变呢？就是要扩大自己的格局，做自己不敢做的事情，也就是说你不能再循规蹈矩，像你过去那样活着，你要与众不同。

那么怎样才能与众不同呢？就是别人想不到的你想到了，别人不敢做的你做了；别人不能坚持的你坚持了，别人不能接受的你接受了……总之你就是要与众不同。马云、王健林、李嘉诚等人的成功，就是因为他们做了我们大多数人没有做过的事情，所以他们才取得了成功。

学员心得

　　当我们生活当中有一些不如意的时候，总喜欢怨环境、怨他人，其实，生命当中的一切都跟自己有关系。

　　一切的根源就是自己，万事皆由"我"起，我们所拥有的一切都是我们自己创造出来的。因此，当工作中出现问题时，就要从自身找原因，然后想办法自己解决，而不要一味地抱怨；当工作出现差错时，就要敢于承认，敢于担，要从自身找出原因，然后给予纠正，切不要把责任推给别人甚至是上司；当同事得到晋升自己落选时，要好好想想自己过去在工作中的所有表现，从自身找出不成功的原因，不要贬低同事而为自己的失败开脱，不要埋怨上司的不赏识，不要抱怨上司的不公平；遇到解决不了的难题，要从自身找原因，从自身寻求解决难题的方法。不从自己身上找原因，永远不会成长，不会进步，永远与成功无缘。

　　要想别人改变，自己就要先作出改变，就要突破自己，就要做得与众不同。要想拥有幸福和谐的家庭，自己就要付出爱心和努力。没有无缘无故的成功，也没有无缘无故的失败，要想成功，就要从自身找原因，要从自身做起。

——杨胜鹏

焦作科瑞森重装股份有限公司　副总

抗拒逃避，超越死胡同的屏障

帆醒人生

当你超越了障碍，你的格局会越来越大，生命将不同以往。

当我们遇到困难时，第一反应是逃避，这几乎是人的共性。但是逃避并不能解决问题。

究其原因，是因为人们普遍缺少克服困难的勇气。当我们遇到困难时，为什么不试着超越它们，寻找更好的道路呢？逃避本身就是软弱的表现。我们应该勇于挑战，勇于向困难说"不"。

以前，当飞机的速度接近音速时，就会出现巨大的阻力，即音障，它令飞机的操纵性能被破坏，飞机自发往下坠落，很容易机毁人亡。所以当飞机的速度接近音速时，飞行员的做法往往是收紧油门，马上降低速度，以保证飞机的安全。这样一来，飞机的速度就没有办法进一步提高。

有一名飞行员，在飞行过程中遇到了音障，但是他没有像其他飞行员那样减速，相反，他将飞机的速度提高到极限。很快，声音就被他甩在了后面，他以为飞机会坠落下去，但是发生了奇迹，飞机仍然平稳地飞行着。

世界上第一台超音速飞机的诞生就源于一名飞行员战胜困难的勇气。正是他敢于用生命去挑战极限，所以他创造了奇迹，促进了人类文明的进步。

当我们避无可避的时候，不妨试着去超越。超越一切困难，超越生命中的障碍后，让一切都变得不再一样。

有时候，人就应该拥有这样的想法，而不是一味地在困难面前逃避。逃得了一时，逃不了一世。当你试着去面对的时候，身体里自然就有了力量，这种力量帮助你克服一切困难。也正是这种力量，人生才会进步。

在人的生命中，每一次超越，都会拥有意想不到的效果。敢于超越，才能突破现有的格局。如果我们不愿提升自己，仍然守在自己的小世界里，那么这个世界永远不可能变大，你永远不可能拥有更大的格局，就不可能拥有更大的成功。

超越就是不断打破人内在的勇气和胆量。我们的人生所遇到的就如同一个框，在框里，我们会感到痛苦。那么，我们就要打破框对我们的束缚，就要直面困难。

只有那些敢于直接面对的人，才会进步，从而将自己的格局扩大，拥有强大的人生。为此，你必须勇敢超越。

问自己：我现在在做什么？每时每刻问自己，究竟在做些什么，是有意义的事，还是无聊的事，是值得去做的事，还是在浪费时间。这种自问可以提高自己的潜在意识，让自己意识到还有很多事情需要去做。

问自己：我在逃避什么？或者说我在害怕什么，是恐惧？是艰难的任务？是焦躁不安的情绪？是内心的烦躁？最好将这些你所逃避的东西都写下来。

问自己：我该超越它吗？在这一刻之前，你的意识里只是逃避的，是害怕的，因为恐惧、不安、烦躁与困难同在，你不要试图去说服自己逃避，用身体去感受它们的存在。是呀，如果逃避的话，事情只会越来越糟糕。这并不是什么大不了的事，还是勇敢面对吧！

问自己：该马上行动吗？当然，你必须行动起来，你知道这些困难并不可怕。超越它们，不能让这样的事继续保持现状。此时，你应该下定决心马上行动。因为你已经不再害怕了，你决定超越了。

当一个人开始超越困难时，就意味着他已不拘泥于现状，而是迫切渴望改变，想要给自己的人生带来不一样的东西和价值，这种超越就体现在面对与改变上。要知道，每一次超越都是人生进步的体现，都是自我格局和视野扩大的体现，也是一个人成长的重要标志。

学员心得 🔍

　　人们习惯于逃避，特别是在无法解决的困难面前。逃避似乎成了一种天性。事实上，每个人一生当中都会遇到各种各样的困难，成功的人会战胜困难，失败的人会逃避困难。逃避与战胜之间，决定着人生不同的走向。

　　那些成功人士的人生并没有人们预想中的那样顺利，在成功之前他们和其他人没什么两样。他们为什么能成功，无非是他们善于克服困难，不被困难所打倒。在每一次与困难搏斗的过程中提升自己，让自己的能力得到提升，格局和视野自然会变得更大。

——辛宝红

河南乡炖餐饮管理有限公司　总经理

个人成长

事件本源练习——让你追溯到事情的本源

练习效果：

如果你有一件事总是不知道为何变成现在这样，或者一种你非常不喜欢的现象在你生命中反复出现，可你却不知道原因在哪里，那么做这个练习，它可以让你找到事件的本源。

练习方法：

问问自己，你有哪些行不通的地方（原因或者现象）需要改变？

这个练习需要两个人在一起，采用一问一答的方式来做，周围环境需要安静、不嘈杂。

拍档：你拥有什么样的信念，才会经历这种现状或情况？

自己：回答。

拍档：是什么原因让你认为这是对的？

自己：回答。

拍档：还可能因为拥有什么样的信念，才会让你经历这种现状或情况。

自己：回答。

拍档：是什么原因让你认为这是对的？

自己：回答。

反复做以上问题，直到自己突然有恍然大悟的喜悦与兴奋感为止。

这个练习最大的魅力在于你最后深挖出来的结果，往往和你以为的原因是截然不同的两件事。这个练习的时间因人而异，5分钟到半小时，甚至更长的时间，均有可能。

第三章

迷茫与清晰

负责
感召
承担
气度
豁达
欣赏
自律
创造
付出
爱
共赢
诚信
激情
承诺
珍惜

德不配位，得到的也会失去

帆醒人生

> 德不配位，得到的最终也会失去；德若配
> 位，失去的早晚都会回来。只要人的德行够了，
> 格局大了，成功是早晚的事。

清华大学的校训是"厚德载物"。厚，就是深厚的意思；德，我们解释为按照自然规律去工作、去生活、去做人做事；载就是承载；物，老祖宗解释为我们所有的财富、智慧，我们的一切。简单来说，物指的就是福报。

一个人所积累的财富和智慧，这是外在之物。只有厚德才能承载万物，如果德行不够，哪怕是先得到了足够的物，到最后也会因为种种原因而失去。因为德不配位，必有

所失。

我曾经让学员做过这样一个练习。这个练习很简单，就是让学员自己负重。刚开始只是背十公斤的重量，学员们都觉得轻松。后来加到二十公斤，开始有人受不了了。接着加到三十公斤，又有一些人承受不了了。等加到五十公斤的时候，能背起来的人就更少了。即使勉强背起来了，也是双腿发抖，全身不自在，坚持不了多久。

为什么会这样？其实就是承受力的问题。当你只能承受三十公斤时，那么在三十公斤以内，你就是舒适的。一旦超过三十公斤，你就会感到吃力，即使能背起来，最终也会因为体力不支，而将东西扔在地上。

一个人的德行也是如此。如果德行不够，哪怕眼前拥有再多，最终也会失去。那么这个德行在人生中指的是什么呢？在教练学中，说的就是一个人的格局。

每个人的成长都是在修炼自己的格局，人的格局有多大，最终所得到的成果就会有多大。格局决定人的最终高度。如果格局没有改变，却将成果变大了，这就是德不配位，因为你的格局无法支撑起你的成果，最终你会因此而失败。这与人的自信和努力无关，完全是一个人的德行所致。

太容易得到的东西，不是陷阱，就是阴谋。年轻时获得的意外财富，看似是成功的前兆，如果被这些财富所累，失去提升自己，让自己成长的机会和动力，最终就会出现德不配位的情况，之前所获得的财富也会慢慢流失掉，甚至会给人的心理带来致命的打击。

所以我们不能急功近利，而应该着手于眼前，提升自己的格局。要成功，必然要先成长。任何时候，都不要被眼前的功利所吸引，从自身的实际情况出发，先让自己成长起来，让自己拥有更大的格局。

当你成长了，格局变大了，即便现在没有成功，但是总有一天，你会获得成功。反之，如果你成功了，但是没有成长，德不配位，最终你也会失败。德若不"厚"，再多的财富也会流失。这是自然间亘古不变的道理。

学员心得 🔍

一个人能获得多大的成功，能创造多大的价值，完全取决于他自身的能力，如果能力不足，即使得到的再多，这种得到也仅仅只是一时的、只是表面的，最终会在不经意间流失掉。

生活是一段漫长的旅程，它需要我们一点一滴地去经营，而不是因为一时之利突然间让自己出现在一个更高的位置上，那样只会摔得更惨。

任何时候，我们都要相信，提升自己才是成长的必然途径。只有成长起来，才能肩负更重的担子，只有让自己不断提升，才能从容应对生活中的各种变化，才能防止德不配位的情况发生在自己身上，成为真正的赢家。

——李佳骏

自由导师

没有纯粹的得，也没有纯粹的失

帆醒人生

患得患失，只会什么都得不到。有所得必有所失，有所失必有所得。得与失处于动态平衡中。

我时常问身边的朋友，是有得必有失，还是有失必有得？其实在很多人看来，这两者之间没有本质的区别，其实这句话告诉我们，得与失是相对的，它们不能脱离对方而存在。无论是得也好，失也罢，都只是一时的结果，而不是最终的结果。当我们失去的时候，不要过度忧伤，或许这次失去会有意想不到的回报；当我们得到的时候，也不要过度高兴，很可能在得到之后，失去更多。

在我的学员中，很多人都会在意一时的得失，认为自己付出得多，所以应该得到更多。事实上，没有付出怎么可能有回报，付出的多少虽然与得到的不一定成正比，但是只有在付出之后，才能谈回报。

几年前，有两个学员向我咨询大学毕业后的就业问题。他们都是聪明上进的年轻人，在学校里的成绩非常优秀，对他们来说应该有很多工作机会可供选择。刚好，我的一个朋友创建了一家小公司，需要一个合适的人来做助理，于是我建议他们去试试看。

有一个学员在面试结束后，就给我打电话，几乎用一种生气的语气对我说："你那位朋友要求太苛刻，但是待遇却给得那么低，所以我拒绝了他。"后来这个学员去了另一家待遇更好的公司上班。

另一个学员接受了朋友的要求，成为他的助理。我问他："待遇这么低，你不觉得自己太亏了吗？"

他说："我当然想得到更多的薪酬。可是你的朋友给我留下了深刻的印象，我现在跟着他，肯定能从他那里学到本领，哪怕待遇低一点也没有关系。因为从长远的角度来看，我收获得会更多。"

现在，这两个学员有了截然不同的发展轨迹。第一个学员还在为工资的事情而烦恼，但是第二个学员早就闯出了自己的天地，很多公司花高价挖他。

表面上看，第一个学员得到了更好的待遇，实际上他失去了成长的机会。第二个学员虽然薪水低，但是他得到了成长和锻炼。一个看似是得，其实是失；一个看似是失，其实是得。这便是一种智慧。在薪水和机会面前，机会永远更重要。

在追求梦想的道路上，我们必然会遭遇各种各样的挑战，伤害到别人的利益在所难免，这时就会失去一些，也许是情同手足的朋友，也许是昙花一现的爱情，但是这种"失"都是成长过程中必须经历的事。我们在享受"得"的喜悦时，也要承受"失"的痛苦。这种"失"就是"得"的成本，世界上没有什么是不劳而获的，想要得到，就难免先失去。

你以为你得到了，事实上未必就是真的得到了。同样的，你以为你失去了，却并不意味着你真的失去了。因为得与失之间没有绝对的界限，看似是得其实是失，看似是失其实是得。所以我们不能过分在意自己的得失。

有时候，人之所以能得到能力之外的东西，无非是一种"福报"，但是这种"福报"不会因为得到而一直拥有，当人的能力不足以支撑起他所得到的财富或地位时，总有一天他会从现在的位置上摔下来。一个人有怎样的"福报"，会处于怎样的位置，除了自身德行外，更重要的是自身实力的体现。如果自己的底气不足，成功只是暂时的，所以，无论处于什么样的位置，我们都要拥有更广阔的胸怀，把自己的能力拓宽、拓广，让自己更丰富、底气更足，这样才能掌握得与失的奥秘，这与前文中"德不配位"的道理是一样的。

世界是公平的，小与大、得与失都不是绝对的，它们会在一定的条件下朝着对立的方向转化。有的人会因小而失大，也有的人会渴望追求大，却忽略了积少成多的道理。得和失也是如此，计较一时的得失永远成不了气候，而不计较一时得失的人，会把自己的思维和视野放得更远，看得更长久，因而更能找到生活的真谛，赢得自己想要的人生。你能看多远，就能走多远。

学员心得

　　每个成功的人在成功之前，必然会失去很多普通人所想象不到的东西，他们因为"失"所以才有"得"，失去的多，到最后得到的也更多。然而，很多人不明白其中的道理，一味地想要"得"，却从不肯去舍弃，最终什么也抓不到。

　　人生就是如此，得与失是它的两个状态，有得必有失，有失必有得。这是人生的常态。我们不能因为失去而计较，相反应该考虑自己为什么会失去，怎样才能让自己得到回报。

　　再大的公司，再大的企业，想把业绩做起来，必须投入相应的成本。很多人问我那些大品牌业务做得那么好，为什么还要花大把的钱去做广告。我告诉他们，如果这些品牌不做广告，那么不出几个月，他们的业绩就会直线下滑。广告费是品牌的投入，没有这种投入，那么品牌的知名度就会降低，也就无法维护品牌应有的效应，只有付出这部分费用，才能换回长久的品牌积淀。

　　所以做人不能只看一时的得失，应该看得更长远。现在我们是失去了很多，但是并非一无所获，它会用更珍贵的东西回报我们。因为上天是公平的，它为我们关上一扇大门的时候，必然会为我们打开一扇窗。

——赵　密

北京国投鑫和投资管理有限公司　总经理

不忘初衷，方能始终

帆醒人生

> 坚定自己的目标，不要忘记自己为什么要来到这里，自己将要去哪里，才能穿越生活的迷障，从迷茫和倦怠中走出来。

人生是一段漫长的旅程，没有人会在旅程中永远保持激情，再大的热情也会有平淡下来的一天。当激情被岁月洗尽之后，人就会感到疲惫、迷茫和不安。这个时候，人就会产生抱怨，抱怨生活、抱怨现状、抱怨自己的一切。特别是想起同龄人都获得了成功时，就会失去平衡，被情绪所左右。事实上，这是人生成长的必经阶段，只有克服这种迷茫才能继续向前走，让未来的路走得更加平坦。有学员问我，迷茫的时候怎么办？我告诉他，提升你的格局，把自己放在更高的位置上。

我记得拿破仑曾经说过："能控制好情绪的人，比占领一坐城池的将军更加伟大。"这句话告诉我们，控制情绪对一个人来说是多么重要的事。当一个人能控制自己的情绪时，做到不生气、不动怒，那么他就会给人留下成熟稳重的印象，让人觉得他更可靠、更值得信赖。任何人都没有办法掌握外在的环境，但是却可以掌握人生的走向，提升自己的格局，站在更高的高度对待生活中的苦恼，自然会得出不一样的结论。

有这样一个道长，他收了很多弟子，其中一个非常聪明，很多道理一点就通，将来定能继承他的衣钵，所以道长非常器重这名弟子。

最近几天，道长发现这名弟子的情绪不太好，总是在抱怨这抱怨那，于是他就将这名弟子叫到面前。弟子跟他说："师父，我很迷茫，不知道自己究竟是为什么？"

道长没有回答他，而是抓起一把盐，将盐放入水中，然后让他喝下去。"告诉我，是什么味道？"

"很咸，有点发苦。"弟子皱着眉头说。

道长拿起更多的盐，带着弟子来到湖边，然后将这些盐撒进湖里，再舀起一勺湖水递给这名弟子，让他喝下去。"告诉我，这次是什么味道？"

"很甜美。"弟子说。

道长意味深长地说："人生的烦恼就像是盐，当它被放在一杯水中时，就咸得发苦。但是当它被扔到湖中时，却无法改变湖水的味道。生命咸淡取决于它的容器，如果你是一杯水，那么一点烦恼就会将你打倒。如果你是一汪湖水，那么再大的烦恼也无法伤害到你。"

的确，生活中总是会有无数的烦恼，但是这些烦恼对我们来说并不算什么，只要我们拥有大格局，把自己当作湖水，自然不会被烦恼所影响。生活中，很多人只是一杯水，当烦恼丢入水中时，就会产生负面情绪，因此而变得焦躁不安，把自己该做的事、该有的目标全部抛诸脑后。其实大可不必，迷茫在所难免，当我们迷茫的时候，不妨想一想自己的目标，不要成为情绪的奴隶、被情绪所掌控。

在相同的环境中，拥有不同心态的人所看到的东西都不一样。只有心境豁达的人，才不会被环境和情绪所左右。当情绪占主导的时候，我们就会产生怀疑心理，忘记自己的目标，失去方向。这时应该控制好情绪，以目标引导人生，摆正自己的位置和心态，哪怕是在迷茫中也坚信自己的方向。

人们总是会因为一些外在的影响而忘记自己的目标，特别是在迷茫和情绪低落的时候，更容易被外在所影响，产生厌烦和抵触的情绪。这种情绪让他怀疑自己的能力，怀疑自己是不是真的应该继续走下去，甚至会假想即使自己走下去也不可能成功，哪怕是成功了也没有什么意义可言。原本积极乐观的心态变得消极和沉闷。

在这种情绪到来的时刻，人应该坚持自己的方向，想一想自己的目标，透过目标来看待眼前的问题，而不是被情绪所左右。一个优秀的决策者，必须时刻谨记这样做究竟是为了什么，想获得什么样的结果，而不是盲目和迷茫，更不能不知所措、胡乱下决定。

一个人取得什么样的成就，取决于他的格局。格局越大，看得越长远。想要提升自己的格局，应该提升自己的思维。思维决定着人的行为，决定着看待问题的方式，所以人不能纠结于自己为何而来，应该将所有的注意力都放在目标上，通过目标左右身边的事，通过目标去克服内心的迷茫和恐惧。

学员心得

　　在没有成功以前，人都会产生这样一种心理，怀疑自己的能力，怀疑目标的真实性，甚至会怀疑人生，这是一种消极的情绪，这种情绪在很多时候是致命的。它会让人变得迷茫，在生活中不知所措，不知道自己继续下去究竟是对还是错，也不知道自己的方向在哪里，应该不应该继续走下去。

　　这时，人都会忘记自己的目标，忘记自己为什么奋斗。怀疑自己会让人丧失自信，失去前进的动力。如果想要克服这种情绪，人就必须进一步坚定自己的目标，始终记住自己为何而来、为什么而奋斗，坚定自己要走的路，而不是让怀疑成为主导，产生退缩的心理。

　　每个人都想成功，但是不是人人都可以成功。那些赢得胜利的人，无不拥有伟大的格局，他们清楚自己要做什么，清楚自己该做什么，这是目标的力量，它帮助我们驱除内心的迷茫和焦躁，让我们知道自己为何而来、向何而去，从而克服生活里的一切困难。

——孙海江

郑州市海江新文化传播有限公司　创始人

外表与内心，只隔着一堵墙

帆醒人生

事实胜于雄辩，本质永远要比表象更重要。所以，眼睛看到的并不一定就是真的。我们只有透过表象，才能看清事情的本质。

有一次在课堂上，有学员问起真相和表象。他对我说："总是无法弄清楚事情的真正原因，所以在解决问题的时候难免会遇到困难。"这位学员的想法代表着大多数人的想法，人在看待问题的时候，总是以看到的事实为真相。其实不然，眼睛所看到的只是事情呈现的方式，并不是事情的本质，要找到事情的本质应该从源头出发，逐步分析事情发展的动机和原因，才能找到解决问题的最佳途径。

很多时候，我们必须找到真相，才能找到办法。要找到真相应该从源头出发，透过现象看本质，而不是将现象当作本质。凡是将现象当作本质的人，都不能真正解决问题，只会用错误的方式应对问题，那样问题只是得到了表面上的缓解，并没有真正得到解决。

以前学数学的时候，有一次老师在黑板上画了两条直线，有一条看起来很直，但是它并不是直线，因为视觉上的错觉让我们产生了错误的认知。另外一条看起来不像是直线，但是它却是一条直线。为什么会这样？因为背景的变化会使眼睛接受的信息发生变化，它只是看起来不是直线而已，但是它在本质上却是一条直线。

这就告诉我们，要看清楚事情的本质，而不能被眼睛所看到的表象所蒙蔽。在我们接受表扬和赞美的时候，也要分清楚这种表扬是不是只是一种客套。同样的，面对批评的时候，我们也要通过批评反思自己的缺点，是不是真的没有做好，如果是，那么下次一定改正。我时常说，那些夸奖你的人并不一定就是好人，相反那些经常批评你的却往往是真的为你好。所以，看事情一定要看本质，找到事情的真相，而不是通过表象去判断。

杨沛霆教授是《中外管理》杂志的创办人，也是一位德高望重的管理学家。他在演讲中，每讲到关键时刻，他总是会问在场的人："本质是什么？"这几乎成为他的一种嗜好，为什么杨沛霆教授钟爱本质这个词呢?

原来在他读中学的时候,问过老师这样一个问题:"为什么两点之间,直线是最短的距离?"

老师是这么回答他的:"你回到家去,将一块肉饼丢给小狗,你可以看看它是在绕了屋子一圈之后,再回来吃肉饼,还是直奔肉饼而去。"这句话让杨沛霆教授记忆犹新,从那以后,无论遇到什么问题,他都会问自己:"真相是不是就是这样?"

本质是什么?我认为本质就是事情的根本、事情的内在规律,这种规律不是外在的,也不是显而易见的,而是一种内在的决定性的东西。本质决定着事情的发生与发展,通过本质我们就能看到事情的真正面貌。只要从本质出发,从真相出发,做起事来就不会产生偏差。当我们找到事情的真相,就相当于抓住了事物的未来。

所以我们不能被表象所蒙蔽,要找出问题的症结所在,对症下药,才能做到事倍功半。要找到事情的本质,应该是从源头出发,通过分析和推理得出结论,而不是将眼前的所观所感当成事情的本源,那样只会离真相越来越远。

真相也是教练学中非常重要的一个词语,在教练技术中,真相成为一种意图,成为一种博弈和对抗。无论是对手透露出什么样的信息,我们都要从这些信息中找到应有的规律。竞争对手所投射出来的信息,都是从经营思路出发的,所有的信息都不会脱离这个源头,当我们找到这个源头,通过获得的信息反推，就能弄清楚竞争对手是怎样做的，也就知道如何针对性地部署战略。这是成功制胜的重要法宝。

学员心得

想要不被对手所影响，就需要找出对手的真正意图。所谓"人心隔肚皮"，只有透过"肚皮"才能看清楚对方的真实想法，才能判断出对方所说的话究竟是真还是假。如果我们一味地全盘相信，最后吃亏的只会是自己。

一个人如果不能看透事情的本质，那么他必然无法占据生活的制高点，无法主动出击，往往都是被动的，被对手所牵引，这样的人是很难赢得最后的胜利的。虽然通过观察对手的手段，有针对性地出招会有一定的成效，但效果毕竟有限，无法在市场中占据主动地位。

生活远比我们所预想的要复杂得多，人最容易被表象所迷惑，认为自己看到的、听到的就一定是真的，但事实上看到的和听到的很可能是对手伪装出来的，只有找到真相、戳破谎言，才能立于不败之地。所以，看清事情的真相非常重要，它决定着我们接下来要走的路是对还是错。

——柳国荣

华大国际 董事长

战胜迷茫：答案从大悲禅院飘来

帆醒人生

> 丢失的答案往往就在自己身上，只要找准目标，认清自己，就能赢到最后。

在天津有一座大悲禅院，这是一座历史悠久的佛门寺庙。有一年我去大悲禅院游玩，在一座殿前看到了四块牌匾，这四块牌匾让我记忆深刻。它们上面写着："来此做甚，来者何人，心即是佛，莫向外求。"我觉得这四句话饱含着深深的禅意，可以说是每个人一生的总结。它告诉我们追求的方向和动机，还告诉我们如何寻找答案。

人在前进的过程中，最容易忘记的就是自己和目标。走得越远，自己和目标就离得越远，甚至找不到自己究竟为了什么。这是很令人头痛的事。如果没有目标的指引，人就会因此而迷茫、怀疑自己。所有的怀疑都源于内心的不自信，这种不自信正是迷失自己的后果。迷失自己就会失去相应的判断力。

理智是人克服一切困难最好的办法，但是人在很多时候会失去理智，用情绪来代替思考，用任性来代替智慧，最终让事情变得更加糟糕。

一个人不能将所有的心思都放在关注外界之上，而忽略了对自我的认识。不能认识自我的人，永远找不到努力的方向，永远找不到正确的路，有些路无疑是错误的，不可能取得成功的。但是人却不自知，以至于越走越远，失去了回头的可能。

一个人想要从人生的泥潭中挣脱出自己，就必须从自己身上找答案，特别是在迷茫和焦躁的时候，更要看清楚自己的目标，看清楚自己的位置。人之所以能脱离危难，就是因为人懂得自救。"求人不如求己。"只有先自救，才有被救的可能。大悲禅院里的四句话，就是教我们面对困境的时候，如何找到属于自己的答案。

我们要问自己"来这里做什么？""我们为什么要来到这里？"这些可以告诉我们，什么才是自己真正想要的。这时，我们需要回想自己的过去，思考自己的目标，找到目标之后，再回想一下自己为实现这个目标做了什么，如果没有，该怎么做。为什么自己会在前进的过程中慢慢偏离了原有的轨迹。"来此做甚"就是告诉我们，首先要审视自己的过去，对自己的行为和做法进行一次清点，看看自己到底为目标付出了什么、实现了什么，还有什么需要去做、需要去改进。这告诉我们，想要成功必须先弄清楚这些，对自己的目标有清晰的认识。

我们要看清楚自己。能力如何，是否有实现目标的水平，是否能够完成自己的人生规划。人最难的就是看清自己。我们可以用无数种方法去看别人，但是却不能看透自己的本质。我们应该比别人更了解自己才对，因为内心的想法只有自己知道，别人无法真正看到你的内心。

人的心理上有一种"死不承认"的弱点，明明视野比较小、思维没有活力却不愿意承认，这是人的一种正常本能，因为我们总是想着去掩盖自己的缺点，让自己看起来更有本领，事实上这样做只会让自己显得更加可笑、失去赢的资本。想要赢，就必须清楚地认识自己。知道自己擅长做什么、可以做什么、能够做到什么，这比什么都重要。"来者何人"就是这个道理，这个"何人"就是我们内在的自己。

"心即是佛"告诉我们，人的心中有什么，就会得到什么。当我们的心中有佛时，所有的言行都是会向"佛"的善言善行靠拢。很多时候，人无法辨别自己的思想，这时就应该让自己静下心来，仔细感受内心，倾听内心的声音。要知道人生所有的困扰都是思想上的困扰，答案自然就藏在心中。这个"佛"就代表着人生前行的方式，更多的时候，它就在我们心中。我们知道自己将怎么走，要达到什么样的高度，因为我们能认清楚自己，能找到自己的目标，那么答案自然就在心中了。

然而，很少有人明白其中的道理，总觉得应该到外界寻找答案。事实上，这种做法是错误的，外界呈现的只是现象，而不是本质，真正的本质在于人的内心、人怎么看这个世界。人看待世界的方式决定着人的高度，所以无论遇到什么困难和挫折，都不要把希望寄托在外界，更应该把希望放在自己身上，从自己的内心寻找答案。当我们去窥视自己的内心时，总能找到问题的解决方法。

"莫向外求"告诉我们任何思想的改变，都是由内而外的，而不是由外而内，只有当内在改变之后，外在的情况才会发生改变。那个内在的你才是真实的你，才是你寻找的答案。

学员心得 🔍

人不能主宰世界，却能主宰自己的生活。人想要改变自己的生活状态，就必须从内在出发，而不是单纯地去改变外在。外在的改变只是形式上的变化，只有内在的变化才是真正的改变。

很多人并不知道，改变不是做出一个形式就能实现的。他们以为提升自己只要看几本书就行了，事实上他们却只是为了看书而看书，起不到任何作用。无法将书本上的知识变成人生的明灯，只会让生活越来越差，失去自信。

人的内心是复杂的，当一个方法起不到相应的作用时，就会怀疑这种做法的正确性，事实上他们并没有将这个方法落实在实践上。所以，人要是想找到问题的症结之所在，就必须从自身出发，真正认清楚自己，了解自己的真实意图，这样才能真正解决问题。

——邱钦煌

四川点启英才商学院　执行董事

解除担忧练习——解除对未知事件的担忧与困扰

练习效果：

人在遇到未知或不可控的事件时，最常出现的状况就是将内心全都沉浸在担忧和困扰中，因而无法去思考解决问题的方法。这个练习能帮助你排除这些担忧，让心情平静下来，进而让思绪恢复到理性的思考层面上来。

练习方法：

这是一个在任何地点都能够做的练习，你不妨选择一个相对安静的地方，比如楼梯、山林、花园小径等。只要你走的每一步都伴随着心底真诚的告白，都会有不错的效果。

选择一段大概15~20米的小路，以自己的脚下为起点，另外一个点为终点。

每向终点迈一步，心中都想象一种比现状更糟糕的结果。

在终点停下脚步，闭上眼睛，静静地站立一会。

转身，每走一步时都对上面预测的每一种结果说：

"庆幸自己能够经历目前的结果。"

将刚才的一切全部抛开，带着感激与珍惜的目光，环视周围的一切。

第四章

坚持与改变

他人的拒绝是磨炼意志的最好方式

帆醒人生

> 人之所以害怕被拒绝，无非是害怕丢了面子。其实被人拒绝不算什么，每个人都是在别人的拒绝中成长的，最关键的是不能因此而沮丧，更应该向前看。

俗话说："没有理智，哪来面子。"在人的一生当中，最常遭遇的就是别人的拒绝。尤其是销售人员，在向顾客推荐商品时，被拒绝的次数非常多。如果害怕被拒绝，那么这个销售员是一件商品也卖不出去的，商品的销售就是从被拒绝开始的。

从被拒绝本身来看，人之所以害怕被拒绝，最主要的因素就是害怕丢面子。人都会注重自己的形象，当一个人过于注重自己的形象时，那么就没有勇气承受挫折，经受不住别人的冷嘲热讽，这样的人是无法做出大事业来的。

其实，被人拒绝并不算什么，这是磨炼个人意志的最佳方式。今天我们被拒绝了，但并不要因此贬低自己。别人拒绝你是再正常不过的事，你的自信不应该因为别人的拒绝而有所损害，相反你应该相信自己，坚持去看自己的长处和优点，这才是关键。

在生活中被拒绝的事实在是太多了。比如，经过多年的奋斗，没有考上理想的大学，这是被大学拒之门外。踏入社会后，面试时被拒绝、找对象时被拒绝、聚会的时候没有收到邀请……这样的事情在生活中比比皆是，但是最终你仍然考上了大学、找到工作、找到相爱的人，你的未来其实并没有因为当时的拒绝而发生太多的变化。

英国著名作家J.K.罗琳在成名之前，拿着《哈利·波特》的稿子跑了很多家出版社，一直被拒绝。正是因为一次又一次的拒绝，她的意志才更坚强。她不停地寻找出版商，最终她的书成功出版了。

虽然被拒绝，但是J.K.罗琳并没有因此灰心，相反她把这些当作成功道路上的一个磨炼过程。所以她最终获得了成功。

每一个成功者的背后都会有很多不为人知的故事。只是有的人被拒绝之后开始否认自己，用消极的心态来面对，最终失去了自信。这样的人格局太小，是永远不可能成功的。

有的人越是被拒绝，就越勇猛。他们并不会因为别人的拒绝而否认自己，相反他们更加相信自己，这是一种自信的表现。

一个人被拒绝是正常的，不被拒绝才是不正常的。当你明白这一点之后，再被别人拒绝时就不会因此伤心难过，就不会让这种拒绝为你的人生盖棺定论了。做人一定要自信，千万不能在一两次的挫折中失去信心。

面子是什么？是人都好面子，但是一个太好面子的人是没有办法成功的。因为好面子，就会因为面子而无法作出正确的选择。因为好面子，就会往死里扛。殊不知这只是一种假面子。这就好比，一个人不成功的时候，说的话再有道理，别人都不会当一回事；当一个人成功之后，哪怕随便说一句，别人也会奉为经典。

害怕被拒绝，怎么能获得成功！当你敢于面对别人的拒绝时，你的内心就会变得更加强大，成为那只"打不死的小强"，试问，这时还有什么东西能够伤害到你，你的格局无比强大。只要你勇敢地走出这一步，那么你的人生就会拥有不一样的精彩。

学员心得

　　人都会被拒绝，因为被人拒绝之后第一感觉就是"真没面子"。事实上，这个时候你要弄清楚两件事，第一是自己的感受，第二是自己的想法。

　　如果你被拒绝了，首先要向自己坦白，看看你的内心究竟是怎么想的，你要留意这种感觉有多么强烈。其实，你要明白你的真实想法，如果是无法改变的结果，那么就试着去接受，从中寻找被拒绝的原因，理智对待结果，这样你的内心就会释然，就会继续前进。

　　如果你想做出一番事业来，那么就不能害怕被拒绝，把这当作人生的一种历练，久而久之，一定会锻炼出无比强大的意志。

——秦志家

重庆市荣昌博引职业培训学校　校长

你先是谁，再成为谁

帆醒人生

你想在别人心中成为谁，首先你必须是谁。

你把自己塑造成谁，自己在别人心中才能成为谁。

一天，一位学员来找我，非常气愤地对我说，他的一位朋友竟然在跟他装穷，还在微信里屏蔽了自己。

我问他："你怎么知道他在跟你装穷？"

这位学员说："前一段时间同学聚会，我聊到自己近期看好了一套房子，只是苦于钱还没凑够，所以正在想办法。我刚说完，我的那位同学就开始数落自己的老公，开始哭穷，还责怪他炒股赔了很多钱，搞得自己连新衣服都不舍得买了。"

学员很生气地接着说："当时，我以为她说的是真的，还一个劲儿地劝慰她。可是过了两天，我在跟另一位同学闲聊中，才知道她生活富足，经常在微信朋友圈里发一些炫富的日常生活照。

我问这位学员："你最近有没有向这位朋友借过钱？"

学员回答说："因生意需要借过两次，现在还没有还。"

我问他："你知道问题出在哪里了吗？"

他很迷惑，我告诉他："问题就出在你自己身上。你的这位朋友那天之所以哭穷，是在防备你再次向她借钱，她在朋友圈里屏蔽你，是怕你知道她有钱。"

这位学员更加迷惑，说自己并不缺钱花。

我告诉他："你看你在朋友圈里发的那些缺钱花的信息，连我都怀疑你的生意出现问题了。"

"你不必责怪你的朋友，因为她已经帮了你。人都有自我保护的天性，没有人会愿意拿着自己的钱去填一个无底洞，你的那位朋友当然会防备你随时有可能提出来的要求。因此要怪就怪你自己把自己装扮成了穷光蛋。"

这位学员恍然大悟。

在工作和生活中，注意自己的言行，控制好自己的情绪，注重自己的修为，适度与朋友互动，与周围人真诚相处，让他们了解真实的自己，那么，你是谁，在别人心中就会成为谁。

当然，我们每个人都希望自己能够给别人留下美好的印象，让别人认为自己是个好人而乐意与自己交往，让自己在别人心中占有重要的位置，树立良好的形象；相反，每个人都不希望让别人认为自己不好，有这样那样的缺点，轻薄自己。而所有这些都取决于你自己是怎样的一个人。

自己在别人眼中的形象差了，在别人心中的位置不重要了，往往怨不得别人，而是因为你自己毁了自己的形象，自己轻薄了自己，自己迷失了自己，生活中没有人有义务一直相信和支持一个与自己相背而行的人，哪怕是为你两肋插刀的真朋友。因此就不能过于褒贬和迁怒那些疏远轻薄你的人。

你周围的每个人都是你的一面镜子，都能映射一个活脱脱的、真实的你，你自己美丽，镜中的你自然美丽，但绝不是镜子让你变美的；你丑陋，镜中的你也不会漂亮，但绝不是镜子把你变丑的。你表现出自私，在别人心中你就是自私的人；你经常哭穷，别人就会把你当成"穷光蛋"；你爱占小便宜，在别人心中你就是贪图蝇头小利的人；你经常向别人无度索取，在别人心中你就是个"寄生虫"；你经常情绪低落，在别人心中你就是悲观的人；你乐于助人奉献，在别人心中你就是无私的人；你工作勤勤恳恳、兢兢业业，在别人心中你就是敬业的人；你是天使，在别人心中你才会是天使……因为，群众的眼睛是雪亮的，你是怎样的一个人，在别人心中就会有一个什么样的你，你先是谁，才能成为谁，你先把自己塑造成谁，你在别人心中才是谁。如果你都不好好经营现在的自己，别人怎么会了解现在的你是谁？你又怎能让自己在别人心中成为一个好人呢？

一个人必须对自己有要求，才能要求别人。设计好自己当下的生活，让朋友知晓自己多么在乎他，而不是让他知道自己多么需要他；让你的重要客户知道他在你心中多么重要，而不是让客户感觉他只是你商场上的合作人；让有可能对你有所帮助的人了解你对他们同样会有所帮助，而不能让他们感觉你可有可无，或者只是索取而毫无用处……这样，你的朋友、你的同事、你周围的人就会向你聚拢，而不是看重你的财富、你的职位、你的权势而巴结你，你就会拥有宝贵的人脉资源，在关键的时候就可以发挥巨大的作用。

你想成为别人心中的谁，你必须先是谁。当你在别人心中不是谁了，那是因为你自己已经不是谁了，而不是别人不把你当成谁了。

学员心得 🔍

　　当今的时代，无论是我们现实世界的社交圈，还是虚拟网络世界的朋友圈，每个人都是我们的一面镜子。我们是谁，他们就会映射出谁。因此注意自己的言行，控制好自己的情绪，注重自己的修为，注意自己发出的信息就像吃饭穿衣一样重要。也就是说，要想给别人留下美好的印象，就要设计好当下的生活，经营好自己的形象，自己先成为谁，才能在别人心中成为谁。

　　　　　　　　　　　　　　　　　　——刘洁华

　　　　　中信建投证券北京虎坊路营业部　总经理

只有改变自己，才能改变世界

帆醒人生

一个人最大的敌人不是别人，而是自己。因为人总想着去改变他人，而不愿意先改变自己。这个世界不会因为一个人而改变，但是却会因为一个人的改变而发生变化。

每个人都有属于自己的特质，这种特质决定着人的位置。我经常向我的学员说，要做自己，而不是做别人。刻意模仿别人只会失去自己，找不到属于自己的路。但是当我们身处环境中的时候，就必须顺应环境，而不是让环境顺应自己。因为外在的环境是无法改变的，但是自己却可以改变，关键在于想不想改变，会不会去改变。

有时候，人想改变那些看得见的东西，却从来不知道自己应该先改变自己。眼光不同，你所看到的东西也就不同。当你的态度和思维发生变化之后，那么你所看到的事情也就不同了，世界自然跟着改变。

人的命运是一个未知数，谁也无法决定，上天决定不了，别人决定不了，自己也决定不了。但是我们却可以让自己生活得更好，我们要懂得及时改变自己，改变看问题的方式，而不能一根筋到底，那样，受伤害的只会是自己。人的内心是非常复杂的，这就意味着人必须懂得做出改变，从什么角度看问题就有什么样的结果。

我十分欣赏洛恩的一句话："成功不是追求来的，而是被改变后自己主动赢得的。"他告诉我们改变的重要性，无论什么时候改变都不晚，关键在于去不去改变。在一间全黑的屋子里，打开一盏灯之后，屋子就会亮起来。但是这个时候再打开十盏灯或是百盏灯，并不能改变什么，只是让屋子变得更明亮而已。那个改变屋子状态的永远是第一盏灯，因为是它最先改变了屋子的状态。

我们生活在同一个世界里，但是每个人的世界又不相同，这是为什么？无非因为人的内心不同，所看到的东西自然也不相同。这个世界不属于任何一个人，却又是每一个人的。虽然一个人的改变对世界的影响微乎其微，但是对他自己来说就是百分之百的改变。没有人能完全改变他人，但是每个人都能改变自己。

很多人都想改变现有的生活状态、想要取得成功，但是却不肯尝试去改变自己，不愿改变自己，又怎能改变现有的状态呢？只有敢于改变、及时改变的人，才能找到新的出路。记住，永远不要说晚，任何时候做出改变都不晚，都能起到积极的作用。

有一次在课堂上，一位工程师跟我说了他的苦恼，他说："我是博士毕业，工作也很勤奋，但是每天却要工作十多个小时，领导从来都不会表扬我，我不知道自己的价值在哪里，有没有得到公司的认可，所以我很苦恼。有时候就想，换份工作算了。"

我告诉他："生活中有这样一件平常的事，别人家的孩子再优秀，最好的还是自己的孩子。你对自己的工作投入了热情，那么你应该觉得自己的工作才是最好的。可是，你的工作是不是真的就做到了最好呢？任何一个企业的领导都希望员工能帮助企业成长，如果那样的话，他肯定会看到。所以，你不能抱怨领导的眼光，抱怨只会让你徒增烦恼，也不会有什么进步。与其这样，还不如仔细想一想，自己的工作是不是真的做到了最好。如果还不够优秀，要怎么样才能做得更优秀。这样你就会想办法提升自己，自然会得到进步，所付出的也会有回报。"

每个人的内心都有一扇改变之门，这道门从外面是没有办法打开的，只能从里面向外面推。如果一个人不愿意将这扇门打开，那么无论谁也无法改变他。我们很难改变别人，却可以通过改变自己来影响他人。这是一种思维，当思维方式发生改变，所拥有的一切也会跟着改变。

有的人觉得，自己现在去改变已经太晚了，但是他从来都不想一想，如果现在不去改变，那么什么时候才能改变。人想要的改变不是一下子就能实现的，需要一个过程，这个过程就是不断努力改变的过程，在这个过程中任何时候作出改变都不会太晚。我国宋代伟大的文学家苏洵在27岁才开始发奋读书，他同样取得了惊人的成就。所以永远不要抱怨改变为时已晚，而应该果断作出改变，让自己更杰出、更优秀，这样生活也会跟着越来越美好。

学员心得 🔍

改变是痛苦的，它意味着要与自己所熟悉的东西告别，但是懂得改变的人却是幸运的，每一次改变都会带来意想不到的收获。想要改变当下，那么首先需要改变自己；想要收获别人的微笑，那么首先要将微笑赠予他人。

人活在世界上不是唯一的，没有谁必须成为另一个人所要的样子，但是我们却可以通过改变自己来改变生活的状态。我们不能总把眼睛放在别人身上，而应该回到自己身上。只有当自己改变时，身边的人和物才会跟着改变。

我们无法改变世界，但是我们可以改变自己，改变自身的位置和态度。适应环境远比改变环境要实际得多，只有适应环境才能让生活越来越好，改变环境只会让自己与环境对立起来，情况会越来越糟。

你不去改变，就不会有希望。希望是人生最大的资产，只要不绝望，及时改变，那么就会有新的希望。当我们改变自己时，纵然刚开始时举步维艰，但是越往后走路就会越宽，希望就会渐渐出现，任何时候都不晚。

——张小飞

中筑城投建设发展有限公司　青岛分公司负责人

养成一个习惯：带着目标上路

帆醒人生

目标是自我价值的集中体现，目标设定得怎么样，将来所能到达的位置就是怎么样的，给自己设定合适的目标远比盲目奋斗更有意义。

我曾做过这样一个测试，在讲堂上，我问学员："现在你计划去山上砍树，找到了两棵树，一棵要粗一点，另外一棵则比较细，那么你会砍哪一棵？"很多学员说砍粗的那一棵，当然也有人选择砍细的那一棵，因为细的比较容易砍。

我又问："如果粗的那棵只是普通的杉树，但是细的那棵却是值钱的红松树呢？"这时学员们大都选择细的红松树，毕竟红松树更值钱。这时我又说，如果杉树是笔直的，但是红树却长得并不好看，这时又会选哪一棵，答案又发生了改变，更多的人愿意选择笔直的杉树，因为价钱更好。如果杉树因为时间太久，中间已经被虫蛀空了，这时候又会选择哪一棵树。又有很多人改变了自己的想法，选择红松树。

测试到这里就结束了，没有一个人能将最初的选择坚持到最后，他们的选择随着我的描述而不断地发生变化。为什么会这样呢？

其实无论选择哪一棵树，都应该从自己的目标出发，如果上山砍树只是为了获得柴火，那么选择粗的那一棵显然更好，不能因为树种的不同而产生不同的选择，而应该从自己的目标出发，选择适合自己的那一棵。上山只是一个途径，砍树只是一种方式，砍树为了做什么才是真正的目标，就是要停下来想一想，自己为什么要上山？为什么要砍树？

当一个人拥有了属于自己的目标之后，并决心将这个目标转化成现实时，那么外界的诱惑无法使他改变自己的想法，他会全身心地投入进去，直到目标变成现实为止。遗憾的是，生活中有很多人并没有明确的目标，他们不知道自己该做什么，也不知道自己该怎么做，这样的人生无疑是盲目的，即使付出再大的努力也不会有什么作为。

第一，我们要为自己设定可以实现的目标。很多学员在设定目标的时候，想到的是我想做什么，而不是我能做什么，从来没有考虑过哪些是自己能做的，哪些是自己所擅长的。在设定目标的时候，不能盲目，盲目的目标不是太大、太空、无法实现，就是太小、无法体现价值。所以在设定目标的时候，一定要对自己有清晰的认识。

第二，设定的目标不能太虚，而应该用量化的方式来呈现。比如我想拥有成功的人生，可是什么样的人生才是成功的人生呢？做出一番事业来是成功，拥有美满的家庭也是成功，这种成功没有落到实处，所以这样的目标就没有意义。所以，目标的设定一定要有可检测的量化标准，而不是用一句话来代替。

第三，目标的设定要分阶段来实现。因为每一个目标的实现都是由无数个小目标的实现所支撑的，当我们实现了小目标之后，大目标自然也就会变成现实。而且在分阶段的过程中，我们可以进一步验证自己所设定的目标是不是适合自己，如果不适合，可以及时作出调整和改变。

第四，目标与目标之间一定有关联性，不能天马行空，今天想实现这个，明天突然变成了另外一个不相干的内容，那样不仅不现实，相反还会影响到目标的实现，从而对人生产生怀疑。所以目标在设定时要有一定的关联性，这样才能做到走好每一步。

第五，目标设定之后一定要成为一种公众承诺。这种承诺告诉我们必须实现目标，不轻易改变目标，当有第三方知道我们的目标之后，就会对我们进行督促和监测，我们偷懒或是停下来的时候，外部力量就会在心中形成一种压力，迫使我们继续前进。

既然我们为自己设定了行之有效的目标，那么就应该一如既往地前进，下定决心去实现它，而不是站在原地空想。目标是做出来的，而不是想出来的。设定的目标是用来规范和约束行为的，而不能成为不作为的借口。

这就好比是有一个人想在五年之内建一栋属于自己的房子，那么在这五年当中，他会收集房子所需的材料，房子自然就能盖起来了。如果一个人不盖房子，那他根本就不会在意这些材料。其实他们具备的条件是相同的，但是一个有目标的人和一个没有目标的人就有着本质上的区别。

我们想成功，必须为自己设定合适的目标，只有合适的目标才能使自己找到真正的价值所在。当然，在设定了合适的目标之后，不能仅仅停留在想的阶段，应该走出去，实现自己设定的每一个步骤，只有一步一步实现每个小目标，才能实现最后的大目标。

学员心得 🔍

目标是人生的指明灯，它指引着我们走向光明。往往生活中有很多人总会主动或被动地改变自己的初衷，原本计划好的事情，在执行的过程中总会发生改变。因为一件小小的意外而改变了整个人生的方向，这是不值得的。

生活的悲剧就在于此，不是不知道自己要做什么，而是清楚自己要做什么之后被意外的因素所影响，最终改变了这个想法。生活中这样的例子太多了，我们被眼前的事情所干扰，只顾看眼前，却忘记了自己最初的人生目标。往往等到最后，我们才会发现，原来自己离理想已经越来越远了。

制订目标固然重要，实现目标同样重要。人所制订的目标，必须有实现的可能，只有这样，目标的意义才会凸显出来，无法实现的目标只会给人增加烦恼，磨灭掉应有的耐心，到最后只能选择放弃，与初衷背道而驰。

无论是人生规划，还是职业规划，我们都应该清楚自己最初制订的目标，不被外在的因素所影响，坚持走下去，实现每一个小目标，到最后就能实现大目标，实现自己的价值。

——毕　静

京城左岸男士美容　总经理

心锚练习——向天空许下一个心愿

练习效果：

　　早晨是一个人精神状态最饱满的时候，通过这个练习，让你从早上开始建立成功的信念，让精神处于最佳状态。

练习方法：

　　每天早晨出门前，对着镜子许下一个心愿，将今天要做的事写在便笺上，例如：

　　我今天见的顾客一定会坦诚，谈判一定会成功。

　　我今天要出差，过程一定会很顺利，并获得满意的结果。

　　我今天要多做一点善事，肯定会有很多美好的事情在我身上发生。

　　最后，告诉自己："信念决定行为，行为决定结果。"

　　以上内容，每天早晨做一遍，把一天要做的事当作心愿许下来。请相信，你许下的这个心愿一定会变成现实。一周后，对你所许下的心愿进行总结，方法如下：

已实现的心愿：

1.＿＿＿＿＿＿＿＿＿＿＿＿＿＿＿＿＿＿＿＿＿

2.＿＿＿＿＿＿＿＿＿＿＿＿＿＿＿＿＿＿＿＿＿

3.＿＿＿＿＿＿＿＿＿＿＿＿＿＿＿＿＿＿＿＿＿

4.＿＿＿＿＿＿＿＿＿＿＿＿＿＿＿＿＿＿＿＿＿

未实现的心愿：

1.＿＿＿＿＿＿＿＿＿＿＿＿＿＿＿＿＿＿＿＿＿

2.＿＿＿＿＿＿＿＿＿＿＿＿＿＿＿＿＿＿＿＿＿

3.＿＿＿＿＿＿＿＿＿＿＿＿＿＿＿＿＿＿＿＿＿

4.＿＿＿＿＿＿＿＿＿＿＿＿＿＿＿＿＿＿＿＿＿

这些就是你这一周所做事情的总结，你可以清楚地看到，在这一周里，自己完成了哪些事，哪些事没有做好，接下来想一想怎么改进。

＿＿＿＿＿＿＿＿＿＿＿＿＿＿＿＿＿＿＿＿＿

＿＿＿＿＿＿＿＿＿＿＿＿＿＿＿＿＿＿＿＿＿

＿＿＿＿＿＿＿＿＿＿＿＿＿＿＿＿＿＿＿＿＿

第五章

自卑与自信

生活中的包装和伪装

> 在生活中我们有时候应该装，有时候不应该装，但装或者不装都要掌握一个度，适度地装是包装，装过了，就成为伪装。

相信我们每个人都希望自己能够在事业上有一个较好的发展，都希望自己能够家庭幸福。但在取得成功与幸福的路上，会有很多选择，其中有一个很敏感的话题就是，应该装还是不装。

对于这个问题，有的人会肯定地说，应当装，因为装有很多好处，比如说食品包装精致，既可以提升价格，又可以有很好的销路；女孩子化妆，既可以使自己变得漂亮，又可以提升自己的品位和形象；营销员包装自己，可以增加自己的业绩；老板穿名牌衣服，开名牌车可以展示自己的身份和企业的实力，从而可以招揽更多的客户，等等。

一位学员甚至还对我说："人必须得装，因为不装就会受伤，就会受损。"我问为什么，他说，他是做保险业务的，自己要想做好这个行业，就必须买一辆至少30万元以上的汽车，他说他公司有一个朋友，去做别人的保险工作时，总是开一辆50万元的汽车，而且主动把潜在的客人约出来，乘坐他的车去咖啡厅。有时，在车上他就已经征服了客户，所以只要是公司感觉不好拉的客户都让他去，因为他的成交率非常高。

有些人则持有不同的观点，觉得人不应该装，因为一个人戴上面具，自然会觉得很累，而且装得了一时，装不了一世。做人应坦坦荡荡的，用自己的真诚去感动别人，或者脚踏实地地去做，终会成功。

应该装还是不应该装，这永远是一个争论不休的主题。那么，究竟是装还是不装呢？其实在现在社会中出现了很多现象，装的人很多，当然也有人是不装的，装的人有取得成功的，也有失败的；不装的人有取得成功的，也有失败的。所以，我的观点是，有时候我们应该装，有时候我们不应该装，装与不装，都要掌握一个度。

掌握不好"度",一定会出现很多问题,物极必反。有句话叫"官升脾气长,财大气就粗"。就是说一个人官升到一定程度的时候,脾气就会变得越来越大,人越有钱底气就越足。在社会上有很多这样的例子。那些"倒了"的官员们,很多都是因为过于招摇和高估自己,高高在上,不可一世,为了包装自己,贪污受贿,不惜以身试法。有句话叫作"上帝让你灭亡,首先让你疯狂",疯狂到最后的结果就是这样。还有一些老板,他们起初真的挣了很多钱,为了炫耀自己的身份和地位,他们就过度包装自己,超出自己的经济能力,生活奢侈浮华。当好不容易挣来的钱财付诸东流时,他们仍不肯收手,为了维持面子上的虚荣,铤而走险,骗取银行贷款,用贷款购买豪车包装自己,再骗取贷款,用贷款再去包装……如此导致债台高筑,最后锒铛入狱。装过了,就不能叫作包装,而是伪装。伪装既不利己,也不利人,会对社会造成很大的危害。

因此说,有时候人需要装,但需要掌握"度",对自己的包装一定不要太过分。

当我们什么都没有的时候,就需要适当地包装自己,我就有这样的经历。作为导师,我曾经给很多企业家上课。我每次去上课的时候,这些企业家就问我:"张教练您是怎么来的?"记得我最早在成都做培训的时候,我开一辆富康去讲课,这些大老板们一看我开富康,我讲什么他们都不听，甚至有个老板还站起来问："你教我们成功，你成功了吗？"当时我还真是有点汗颜。后来我买了一辆八九十万元的车，有的时候我去做培训，就把车停在附近。我适当地把自己包装了一下，我在他们心中的地位就提升了一点。

可见，人都愿意把钱交给那些有钱人，不愿意把钱交给那些没钱的人，这是人的普遍心理。因此我们在做事业的过程当中，真的有时候需要去适当地包装自己，尤其是在创业的初期。而当我们的事业有了一定的发展、经济有了一定的实力时，往往却是"酒香不怕巷子深"，就不需要再费神、费力、费财地去包装了。

越是有实力的人越不需要装。适度的装才是包装，人一定要有个"度"，做什么事情都是这样，也就是德行天下，要靠自己的德行在这个社会当中立足，我们才能走得远、走得长。

学员心得 🔍

凡事过犹不及，装也是一样。很多时候我们的事业和生活都离不开装，因为装可以提升我们的形象和品位，有助于我们事业的发展、生活的和谐。但装过火了，脱离了自己的实际，就太假了，就是虚伪了，会让人感到不舒服。这样的话就不如不装，因为这样的装反而会对我们的工作和生活带来不利的影响。所以，装得要自然、要得体，让人一看，你装的就是"你自己"，一个看起来很舒服的"你自己"，人家就愿意跟你交往、与你共事、与你合作。这就是我们所说的，装要掌握好一个"度"字，这个"度"字的根基就是德行。德行好，"度"就掌握得好，掌握好了"度"，我们才会成功。

——廖向阳

北京名媛国际医疗美容医院　合伙人

炫耀等于缺少

帆醒人生

> 人人都好面子，越是自卑，越喜欢拿出来炫耀。因为他害怕被别人知道自己自卑，以为通过炫耀能将自卑掩盖下来。殊不知，当一个人越是炫耀什么的时候，他的内心就越缺少什么。

我们都要明白这样一个道理，一个人越是炫耀什么，他就越是缺少什么。因为他在向别人炫耀的时候，内心一定是空乏的，这种空乏让他的心理产生了变化，懂得去比较，向别人展示一些自己原本没有，却渴望拥有的东西。

炫耀源于比较。这就好比我们在学校里，看到其他同学穿着名牌衣服，自己的家庭本没有同学那样好，却硬要"打肿脸充胖子"，逼着父母给自己买，然后拿出来炫耀。

一个人为什么会炫耀，说明他在意。

一个人为什么要炫耀，说明他渴望。

一个人为什么常炫耀，说明他缺少。

人是社会性的动物，不可能独自存在。人必然要与其他人打交道。但是很多东西不由人自己来作选择，出身、地位、家庭都是与生俱来的，不会因为你的炫耀而改变什么。我们所能选择的只能是老师、同学和朋友。

在选择的时候，必然要看清楚对方的品性，知道他所展示的真实情况。这样在交往的过程中就能清楚地知道对方的真实意图。

同样，别人亦是如此。

原本你所没有的东西，当你以不合理的方式呈现出来的时候，就会给对方造成误解，让对方产生错位的判断。当对方得知你的真实情况之后，你已经伤害了别人的情感，最终别人会选择远离你。

对别人来说，他只是看清了一些本质，对你来说，却是失去了一个朋友，甚至是机会。

谎言总会有被戳破的一天，当谎言被戳破之后，之前炫耀得越厉害，就越是无地自容。

这个世界就是如此。我们不能因为渴望，因为缺乏，就将这些拿去炫耀，生怕别人不知道。哪怕别人真的知道了，这也没有什么，你就是你，最真实的你才是值得尊敬的。

很多人喜欢卖弄学问，认为自己多读了几本书就很有学识。殊不知真正有学识的人都是温和的，他们早已因为丰富的学识而沉静下来，内心如一潭静水。

不同层次的人生活的方式不同，关键是找到属于自己的位置。不能因为别人生活得好，就好高骛远，认为自己也能如此，结果只会让自己陷入到两难的境地中。

吃不到的葡萄就真的酸吗？不是的。如果你没有品尝过，就永远不可能知道架子上的葡萄是甜的还是酸的，哪怕那些品尝过的人跟你说葡萄是甜的，那就一定是甜的吗？那是别人的感受，自己真实的感受才有意义。

我们渴求别人的认同、关爱和帮助，而将一些看似不切实际的东西拿出来分享，最终会让别人产生误解。你的本意不是如此，一旦贴上夸张的标签，就会引起别人的反感。

每个人对他人和自己所获得的东西投入的精力不同，有的人是靠努力得来的，有的人则是凭借运气。这两者之间存在着截然不同的效果。通过运气得到东西并没有错误，但他将这些东西过分呈现出来的时候，就成了炫耀。

炫耀是一种浅表价值的呈现，这种价值会因为你身边人的敏感度而产生偏差。如果我们在朋友圈经常看到一些人今天晒包包，明天晒衣服，就会本能地认为，她的父母一定很有钱。然而真实情况并非如此。

　　人类普遍存在过度消费的心理行为，这是一种典型的被炫耀所引诱的行为。原本自己有能力购买一些超出日常生活所需的消费品，故意在买不起的人面前显示自己的实力。原本自己没有能力购买这些商品，却硬着头皮买下来，在别人面前炫耀自己。

　　不管是哪一种情景，都是内心缺失的表现。

　　雄孔雀在追求配偶时，会在雌孔雀面前张开自己的尾羽，用绚丽的外表来展现自己的实力。公羚羊在追求配偶的时候，会展示自己强有力的犄角。这是本身价值的直观呈现，也是大自然赋予它们的能力。

　　我们可以像孔雀这样展示自己，切不可过度炫耀自己能力之外的东西，那样只会在别人心里留下难以磨灭的坏印象。

　　炫耀在心理学上，是内心渴望获得别人认可的表现。试想，当一个人拥有一些名声和小成功的时候，明明可以藏在心里，独自享受其中的乐趣，但是人总是不甘心，因为他总想将这些名声和小成功表达出去，让别人认可自己所取得的成绩，以此来满足内心的虚荣。但是这种方式并不一定有效，因为你在向别人炫耀的时候，也在无形之中告诉别人你的内心正缺少什么。

　　人的内心一旦暴露出来，那么内心原本坚固的城堡就容易被攻克。当你与别人竞争的时候，就会在无形之中处于下风。我们想要成功，就需要保护自己，让自己无论在任何时候都能无懈可击，这样对手就无法抓到你的短板，也就无法将你击败。

很多时候人都会不自觉地将自己的弱点暴露出来，因为你所缺少的，就是你所渴求的，你一旦拥有所渴求的，就会产生炫耀的心理。所以，你越是炫耀什么，就表明你越是在意什么，你的内心越是缺少什么。这是致命的。如果你保护好自己，拥有成熟的心态，即使你有所渴望，也不会轻易显露出来，这样你就可能获得成功。

学员心得

　　一个人内心缺少什么，就炫耀什么。如同一个人自卑什么，就掩饰什么。这是一样的道理。

　　炫耀是因为人的内在具有某种不足。通常可以将其解释为一种过度补偿。过度补偿指个人否认其失败或发现某一方面的缺点难以克服，而加倍努力，企图予以克服，结果反而超过了一般正常的程度。

　　人是爱面子的动物，因为缺少什么，就会以炫耀的方式来掩盖。所以，当你想知道一个人缺少什么，过分的炫耀会给你提示。

　　他们为什么炫耀，因为重视；他们为什么重视，因为渴望；他们为什么渴望，因为缺乏。所以，内在软弱的人，外在会表现出强势。炫耀和缺失是相对的，但也是相辅相成的。内心强大的人当然不会炫耀。

——刘　炯

坤德控股集团　监事长

你敢相信我一次，我敢信任你一生

帆醒人生

信任不是一朝一夕就能建立起来的，需要长时间用心对待。当你用心对待别人时，别人也会用心去对待你，久而久之双方就会形成牢不可破的友谊。

有一次上课，学员问我怎样建立信任关系？她最大的苦恼就是夫妻间的不信任，因为不相信对方，最终产生了隔阂，两个人的感情越来越差，到了冷战的地步。其实这位学员知道问题在哪里，但是她就是无法完全相信丈夫，她的丈夫也无法完全相信她，所以他们总是因为一点小事吵架，夫妻间的感情也在反复的争吵中消磨殆尽。

信任在人的生活中扮演着非常重要的角色，往往具有决定性的意义。不信任朋友，那么就会怀疑朋友的忠诚，失去这位朋友；不信任爱人，就不会坦诚相待，生活就会过得越来越差。如果不信任合作伙伴，那么双方就会产生分歧，生意只会进入死胡同；不信任公司，就不会为公司卖命，表现不出应有的水平，事业就无法得到提升。所以我们要懂得信任，拉近双方的距离，让彼此都信任对方、了解对方，才能建立牢不可破的友谊。

要让对方信任自己，首先要信守承诺。晋文公在攻打"原"国时，在出发前宣布，如果十天攻不下来，就会收兵。经过十天的苦战，晋文公没能打下"原"国，但是对方的情况却越来越糟，只要再过三天，就无法坚持下去。这个时候，晋文公坚持退兵，兑现了自己的承诺。在晋文公看来，对百姓守信远比攻占一座城池重要得多，这是建立国家威信、让百姓信任国家的重要手段。正是因为这样，晋文公才能取得伟大的成就。

我有一个做建筑耗材生意的朋友，他的生意越做越大，每年的收入非常可观。在跟我说起成功的秘诀时，他最大的感慨就是信守承诺。在他生意刚起步的时候，跟一个客户谈好了一笔单子，在签约之后，他才发现这笔生意是一个亏本生意。那个客户也很精明，他知道这个生意朋友会亏钱，所以专门派人盯着，生怕朋友会在材料上做手脚。

后来，工程顺利完成了。朋友在收到尾款之后，发现这笔生意亏了十多万元。那个客户觉得很纳闷，就问朋友："你究竟是怎么做生意的？我看你这个生意根本就没有钱赚，为什么还要进行下去？"

朋友说："的确，这笔生意让我亏了十多万元。但是当我发现这是一个亏本生意时，你我已经签好了合约。既然已经签了，就应该履行合约的条件，把事情做好。"

客户听了之后，觉得朋友非常可靠、值得信任，把公司的主管叫过来，一一介绍给朋友认识，然后和朋友签订了长期的合作协议。朋友虽然在这笔生意中亏了很多钱，但是却换回了一个长期客户，他亏损的钱很快就赚了回来，得到了人生的第一桶金。

人与人之间一旦建立了信任关系，彼此就会真诚做事。我那个朋友的生意秘诀就是如此，他让客户有一种信赖感，让客户知道把事情交给他来做，他一定会出色地完成。但是要建立这种信任是非常困难的。在和对方接触的时候，首先要学会接受对方的身份。

人因为出身的不同、受教育的不同、接触的事物不同、成长的环境不同，不可能都处于同一个位置，这个时候我们不能用有色眼镜看待他人，要认可对方的身份和地位，给对方应有的尊重。只有善待身边的每一个人，信任才会慢慢建立起来。

我们要学会接受对方的思想和价值观，而不是把自己的观念和思想一股脑地塞给对方，那样不仅不会让对方接受，相反会让人产生反感。这种反感只会降低信任度，而不会带来有用的帮助。每个人在成长的过程中都会对事物形成自己的看法，不管这个看法对还是错，他都有表达的权利，都有说的权利。人们都渴望一个可以表达自己的机会，如果不肯让对方表达，一味地否认对方，是不可能建立起信任的。

除此之外，我们要顾及对方的感受，不能只顾自己快活。站在对方的角度去看问题，感受他现在的感受，就能清楚对方心里在想什么，理解对方的行为是怎么一回事。当我们这样做的时候，对方也会感受到我们的诚意，认为我们是值得信赖的朋友。两个人的心自然就会走得越来越近，慢慢地就会了解彼此，建立起信任关系。

有时候，信任是在彼此熟悉和了解的基础上建立起来的，所以我们要熟悉对方的成长环境，了解对方在成长过程中所经历的事，这些事会让我们了解到对方是否是一个值得交的朋友，所以我们一定要试着去熟悉对方的环境。在心理学上，两个处于相同环境的人更容易靠近。这是因为在相同的环境下成长的人有着更多共同的话语，在讨论的时候更容易处于相同的立场上，所以距离更近。

在确定对方是一个值得深交的朋友之后，要试着向对方敞开心扉，多和对方说心里话，千万不能说谎，因为一次谎言就足以让你所有的努力都前功尽弃，让对方不再信任你，对你的行为和做法产生怀疑。

当信任关系建立起来之后，要主动向对方提供相应的信息，要知道对方关注你的生活是把你当作一个可以谈话的朋友，想帮你分担生活中的压力，是关心你的表现。比如，当你回到老家后，父母安排了一次相亲，朋友这时问你："和相亲对象见面后，感觉怎么样？"如果你说："嗯。挺好的。"就是潜在地告诉对方，不想和对方说太多，这是将朋友往外推。别人关心你，你却用冷漠的态度来回应对方，自然会失去信任。可是如果你这样回答："嗯。挺好的。感觉对方各方面的条件都不错，名牌大学毕业，在国企上班，有不错的收入。只是担心自己配不配得上对方……"这样的回答提供了更多的信息，让对方了解到你心里是怎么想的，自然更容易信任你。下次你在询问对方的时候，对方也会透露更多的信息，信任自然更加牢固。

学员心得

　　想让一个人完全信任另外一个人是非常困难的事，这需要双方都打开心扉，能站在彼此的立场上理解对方。如果一方的姿态过高，那么这种平衡就会被打破，两个人之间的信任就会瓦解，最终走向相反的方向。更多的时候，想要对方信任自己，首先要信任别人，不对朋友耍手段，不欺骗朋友，把自己的心里话说出来，这样才能拉近两个人的距离，建立起信任关系。

　　在建立信任的过程中，必然会了解到朋友更多的事情，但是每个人都有属于自己的秘密，不想让更多人知道，可是人又需要一个倾听者，自然最信任的朋友是最好的倾诉对象，这时你一定要懂得为朋友保守秘密，不要把朋友的秘密到处宣扬。否则，只会伤害到朋友，让朋友疏远你。这一点在生意场上格外重要，客户的信息一定要严格保守，一旦泄漏，就会产生严重的后果。

——伍德福

四川国炯律师事务所　执行主任

自以为是失威信，自以为非失信心

帆醒人生

> 自以为是的人太过自信，听不进别人的意见，久而久之就会失去威信；自以为非的人没有自信，认为自己什么事都做不好，久而久之就会失去信心。

荀子在《荣辱篇》中写过这样一句话："凡斗者必自以为是，而以人为非也。"

这句话的意思是说，喜欢争强好胜的，总是自以为自己是对的，而认为别人是错的。事实上，在生活当中，自以为是的人很多。这类人根本听不进去别人的意见，认为自己永远都是对的。

如果让这样的人当领导，那么他肯定不会听取任何意见，无论做什么事情都会一意孤行，最终的结果只会众叛亲离。一个不愿意听取他人意见的人，他的心胸也好，他的格局也好，必然有限。他也必然无法取得大的成就。

自以为是的人最大的特点是无法接受别人的批评。这是致命的。当别人批评他的时候，他的第一反应不是反思自己的行为，而是怀疑别人的动机，然后找各种理由来应对，最终将责任推给别人。这样的人是永远不可能进步的，他会陷在自我认知当中。

另外，自以为是的人还喜欢把自己的观点强加在别人身上，总觉得自己的想法是对的，能代表所有的人的想法，想当然地认为别人也会这么想。事实上，别人的想法他并没有弄清楚，他只是用自己的主观臆断来代替理智的思考。

而且，自以为是的人总觉得别人不怀好意、言不由衷，这是从自我行为上升到自我的潜意识，通过自己的行为和想法来判断别人的行为和想法，这样的人最终只会令自己的圈子越来越小。我们常说，自以为是的人必然失去所有人的信任，众叛亲离是迟早的事。

与之相对的就是另外一种极端，自以为非。"是"和"非"虽仅有一字之差，两者之间却有着本质上的区别。自以为非的人最大的特点就是没有自信，无论做什么事情，都觉得别人是对的，自己是错的。总认为自己做不好任何事情，这样的人太过消极，根本无法客观评价自己的真实水平。

自以为非的人就像是墙头草，风往哪边吹，他就往哪边倒。他没有主意，遇到问题不知道怎么处理，只知道看别人怎么做，他就怎么做。这是一种典型的从众心理，这种心理甚至是一种病态。

自以为非的人容易失去信心，从而产生自卑心理。自卑是成功的大敌，自卑的人是永远不可能成功的。

我们既不能自以为是，也不能自以为非。自以为是，就会变得自负，自负的人最终看不到自己的成长。自以为非，就会过于自卑，看不到自己好的一面，什么都不相信自己，看不到真实的自己。

我们既要有自信，也不能过于自负。要在自以为是与自以为非之间找到平衡点，找到适合自己的位置，使自己慢慢成长起来，最终取得人生的成功。

学员心得

　　无论是自以为是，还是自以为非，都是生活中普遍存在的两种现象，这两种极端都是失败的。自以为是的人，不可能有进步，他的能力永远只是存在于他的想象之中。就像一潭死水，任何东西都没有办法搅动，无论这潭水有多大，最终都会臭掉。

　　自以为非的人无法看清自己，无法明辨是非，别人说什么就是什么，别人否认什么他就否认什么。他永远不会自己拿主意，一个没有主见的人不可能独当一面成为人生的强者。

　　我们要想成功，就必须克服这两种心态，不能自以为是，也不能自以为非，而是吸纳更多、更好的意见，让自己的格局不断壮大，而不是一味地否认，或是一味地将自己的格局缩小。

——朱学华

天津奥丽美域美发美容连锁机构　董事长

个人成长

幸福练习——重新走进记忆里的幸福

练习效果：

选择性遗忘是人类记忆曲线的特点，它既会忘掉那些不快乐，也会不经意忘掉那些美好的幸福时光。这个练习就是帮你去重拾过往生命中的那幸福时光。而练习的另外一个作用就是同时增加对自己的信心。

练习方法：

回顾一下从你小的时候，一直到现在，最有成就感（或最能体会到快乐）的三件事。

1.＿＿＿＿＿＿＿＿＿＿＿＿＿＿＿＿＿＿＿＿

2.＿＿＿＿＿＿＿＿＿＿＿＿＿＿＿＿＿＿＿＿

3.＿＿＿＿＿＿＿＿＿＿＿＿＿＿＿＿＿＿＿＿

仔细想一想，在这个过程中，你都遇到了哪些困难，你是如何通过自己的努力克服的。

＿＿＿＿＿＿＿＿＿＿＿＿＿＿＿＿＿＿＿＿＿＿＿＿

＿＿＿＿＿＿＿＿＿＿＿＿＿＿＿＿＿＿＿＿＿＿＿＿

＿＿＿＿＿＿＿＿＿＿＿＿＿＿＿＿＿＿＿＿＿＿＿＿

　　事情成功之后，你是如何庆祝的（奖励自己的）。

_____

_____

_____

　　保持现在的好心情，想想目前手头上最让你感觉到棘手或者纠结的事情，写下至少5条解决办法。

_____

_____

　　写下自己现在的心得。

_____

_____

_____

_____

_____

_____

_____

_____

_____

_____

负责

感召

气度

豁达

第六章

沟通与人脉

欣赏

承担

自律

创造

付出

爱

共赢

诚信

激情

承诺

珍惜

是朋友，也是最大的竞争对手

帆醒人生

如果你想要拥有成功的人生，则离不开朋友
的帮助。如果你想要拥有伟大的人生，同样离不
开对手的帮助。

谁都拥有朋友和敌人。这是因为人的群居属性决定了人
不能独自生活，必然要与人打交道。给予帮助的是朋友，而
引发你生存危机的则是敌人。这两种人必不可少，缺少了哪
一个，你都不可能成功。

苹果公司曾经遭遇过这样一个"敌人"。

苹果手机很多应用软件都需要购买。你不购买，就不能
使用。这是苹果手机的高明之处，你不仅要花钱买手机，还

要花钱买软件。现在有很多人可以帮你"越狱"，一旦"越狱"成功，那些应用软件就不必花钱。

但很多人都不知道，这个"越狱"的程序最早是由一个年仅19岁的大学生阿莱格拉写出来的。

阿莱格拉喜欢玩游戏，他找到苹果源代码中的漏洞，利用这个漏洞开发出破解代码，这样就可以随心所欲地使用苹果的软件。

他的这个举动让乔布斯非常头痛。乔布斯能将苹果公司做得这么强大，自然有他的智慧和远见。眼看很多方法无法对付这个"敌人"，智慧的乔布斯向这个"敌人"认输了，他不仅没有追究对方的责任，还向对方抛去了"橄榄枝"。

阿莱格拉最终进入苹果公司，成为公司内部重要的技术骨干之一。

《矛盾论》中提到了这样一个规律："世界上任何事物都是既对立又统一的，对立统一规律存在于一切事物发展变化之中。"

生活中少不了朋友，自然也少不了敌人。敌人与朋友是对立的，同时也是统一的。这是因为，朋友给予你的帮助和敌人给予你的"帮助"是殊途同归的，它们看似对立，其实是统一的，都指向唯一的终点。

前段时间有人向我诉苦，说某某很坏，经常在上司面前说他的坏话，要不是他多嘴，自己说不定早就升职了。这时我就会反问他："你真的把工作做好了吗?"的确，人都习惯找借口，工作不顺利，生活不如意，找各种各样的借口，却从来不会从自身出发，问问自己是不是真的做得完美了。

任何一件事都是对立统一的，并不存在绝对的完美。所以事情永远不可能做到最好，只有更好。这时，当别人说起你的不好时，指出你不对的地方和需要改进的地方时，他便是你成功旅途中最重要的"伙伴"。

如果说朋友给予你的是鼓励，那"敌人"给予你的就是完善自己的机会。

这就如同做生意会遇到竞争对手一样，只有竞争对手的出现，才代表市场的可行性。在我们教练的智慧当中，良性竞争永远是有利于市场发展的。

在几年前，谁能想到"光棍节"会成为一个全民的购物节。马云推了"双十一"购物节之后，其他的电商跟着做，越来越多的电商为了竞争，在同一天推出各种低价、各种优惠，最终有了"双十一"背后的电商奇迹。

如果没有这些商家，淘宝的"双十一"能做起来吗？这个市场能盘活吗？答案是显而易见的。当京东推出更强势的促销之后，当微信钱包推出更方便的支付方式之后，淘宝也好，支付宝也好，都迎来了重大的变革。这是处于数字化时代的必然结局，但是它需要竞争对手来推进，否则只能停滞不前。

有时候，一个人能取得多大的成就，看的并不是他有多少个朋友，而是看他的敌人的高度。敌人越是厉害，那么要应对"敌人"的攻势时所需要的格局就越大，所要求的能力就越高，这样就会在无形之中使你得到提升，同时取得更高的成就。

在我看来，这便是亦敌亦友的关系。这类敌人，到最后永远是惺惺相惜，相互心存感激的。

我们需要拥有"化干戈为玉帛"的大智慧，同样需要拥有化友为敌的魄力，同身边志同道合的好朋友竞争，和他们去"搏斗"，这样你在自己的领域就会拥有更大的成就。这是因为，只有他人的存在，才能帮助你不断前进。

在我读大学的时候，就知道这样一个道理："没有天敌的生物最终只会灭亡。"

当我们失去敌人的时候，生活就会安逸下来，人的神经同样因此而产生惰性。当环境发生改变时，人原本的应对能力也相应下降，最终被淘汰出局。

"生于忧患，死于安乐"就是这个道理。所以我们需要敌人。敌人会让我们觉察到危险的存在，会时刻给我们敲响警钟，会告诉我们不能大意，否则就有可能被敌人打败。

所以我发现，敌人并不可怕，可怕的是我们不知道如何去面对敌人。有的人不喜欢敌人，总希望把对手打垮；在现代生活中，无论我们做什么事，都可能遇到对立的一面。

如果懂得放下，懂得体谅，那么你就有可能像乔布斯那样将苹果最大的敌人变成"自己人"，这样你就会少一个敌人，而多了一个朋友。所谓不打不相识，这类朋友是最值得信赖的，相识之后便是一辈子的至交，是人生旅途中最重要的财富。

学员心得 🔍

　　想一想，你在人生中可曾遇到过"敌人"？当然，这个敌人并不是那种有深仇大恨的人，而是你学习和生活中的竞争对手。其实，人一旦开始比较之后，敌人就自然出现了。因为，比较的结果必然有高和低，必然有好和坏，无论谁处于什么样的位置，生活层次上的差别就决定了，人与人之间无时无刻不在竞争之中。

　　可以说这是不可避免的，是由人与人之间的差别所决定的。但是，朋友也是在这种前提下产生的，它是同一领域内有着共同兴趣和爱好的人。但是朋友也是一种潜在的竞争对手，他的出现必然会影响到你的前进。

　　有的人处于很高的位置，有的人仍然过着普通人的生活。其实他们之间的差别，就是高度的差别。只有身边的人达到了一定高度，你的水平才会跟着往上升。

　　所以，我们要在必要的时候，将朋友当作敌人，当作成功道路上的竞争对手，它的存在将会不断提升你的格局，不断促使你成长。

——高利永

天津市宝坻区方家庄医院　院长

改变看法，敌人也能成为朋友

帆醒人生

> 朋友可以是永远的，但是不要让敌人成为永远的敌人，当我们将敌人变为朋友的时候，就少了一个敌人，多了一个朋友。

每次工作时，我总是会遇到那些我认为聊不来的合作者，他的那一套观点我觉得不对，我认为自己的看法才是正确的。事实上，当我这样去想的时候，其实在内心是欣赏对方的，虽然嘴上在反驳对方，但是心里却是另一番情景。因为如果对方的观点不能引起我的兴趣，那么我是不会花力气去反驳对方的，更不会去尝试寻找对方的漏洞，或驳斥对方的观点。事实上，观点并没有正确与错误之分，只是立场和角度不同而已。不同的看法之间产生"争执"是再正常不过的事，只有相互欣赏，这种"争执"才有意思。

圣严法师说过："慈悲到没有敌人，智慧到没有烦恼。"这是一种大境界，只有胸怀无限的慈悲之心，才能将所有的仇恨都化去。真正的宽容与原谅往往来自博大的胸怀，如果一个人的胸怀不够宽广，那么他就无法让自己的朋友越来越多，只会四处树敌。敌人越多，所要走的路就越艰难。要想路途一帆风顺，就不能离开朋友的帮助。朋友越多，敌人越少，走起来就会更顺利。

当我们"以德报怨"的时候，再大的隔阂也会化解。毕竟这个世界上不可能有永远的敌人。敌人只是一时的，只要我们用心去对待那些"敌人"，他们也会放下成见，感受到我们的热情，最终成为朋友。然而生活中很多人却不明白其中的道理，觉得对方怎样对自己，就给对方怎样的回应。殊不知你越是这样做，仇恨就会越深，人与人之间的关系就会越远。打败敌人最好的办法不是消灭他，而是让他成为你的朋友。

歌德说："人需要社会，他不能孤立地生活。"人是社会性的动物，在社会中必然要与人打交道，如果不能建立良好的人际关系，那么在遇到困难的时候，一个能帮助你的人都可能找不到。要建立良好的人际关系，首先需要懂得友善待人，不能因为一时的仇恨而失去理智，要静下心来仔细想想，如何让更多人靠近自己。

历史上有很多"化敌为友"的例子，到最后他们都成了生死之交。三国时，张飞放过了严颜，最终和严颜成为好友。诸葛亮七擒七纵孟获，最终平定了蜀国的边界。春秋时，齐桓公险些被敌对的管仲射死，但是继承大位后，却拜管仲为相，让他辅助自己治理齐国，最终做到九合诸侯，成为真正的霸主。减少一个敌人，就会多一个知心的朋友。

人在社会上，不仅有朋友，还会有敌人，敌人可能是商场上的竞争对手，是同行的冤家，也可能是利益上的敌对者。敌人之所以会成为敌人，无非存在利益上的冲突。这种冲突是可以化解的，而不是绝对的。所谓"不是冤家不聚头""冤家宜解不宜结"，纵然是冤家，但是也可以成为朋友。基督告诉我们"爱你的仇敌"，这是一种胸怀，更是一种智慧。

在人的一生当中，最大的敌人永远是自己，而不是别人。当一个人痛恨自己的敌人时，他只会因此而烦恼，不会因为痛恨而感受到快乐和开心。所以对付敌人，最好的做法是"不战而屈人之兵"，感化对方。特别是那些有才干的人，更应该有惺惺相惜的感受，通过双方的博弈，相互欣赏，成为激励彼此上进和成长的对手，这样的敌人成为朋友之后，会改变你的人生，帮助你赢得成功。

学员心得

　　敌人是成长道路上必然会遇到的人，他会在某些方面让我们感到难堪，产生敌对和仇恨的心理。但是人和人之间，既然能成为敌人，就一定可以成为朋友。朋友和敌人既是相对的，也是可以相互转化的，关键在于我们的人生态度。

　　那些胸怀博大的人，对敌人所采取的办法是宽恕，而不是将其置于死地。将敌人置于死地或许是一件相对容易的事，但是要将敌人变为朋友却是非常难的。人要有博爱精神，要站在更高的层面看待问题。

　　当一个人主动认错、真诚忏悔的时候，没有什么恩怨不能化解。只要在关键时刻退一步，以德报怨，那么敌人也会因为你的态度而发生转变。当我们愿意去化解这段恩怨时，敌人就会变成朋友，成为生命中最亮丽的风景。

——柳文发

佛山市一箭陶瓷有限公司　总经理

当抱怨成为习惯，人生就走向毁灭

帆醒人生

当你开始抱怨的时候，你就输了。只有失败者才会将抱怨当作习惯。

在这个世界上，你所遇到的问题都跟自己有关，当一个人不愿意从自己身上找原因时，就会开始将这种情绪转移到外界，对自己的过去不满，对自己的现在不满，最终对自己的将来也不满。

这种抱怨会慢慢成为一种常态，让人习以为常。因为他们只是生活在一个很小的世界里，没有办法看到外面更大的世界。生活的圈子小了，事情就大了。一件毫不起眼的事，也能成为抱怨的导火索。

人之所以喜欢抱怨，就是因为自己的标准太多。当别人所做的事不符合他的标准时，他就开始抱怨，而不是去思考别人的标准是否也有可取之处，能否与自己的想法融合，使自己的心胸变得更大。

有一个学员跟我讲过这样一个故事。他有一个女同事，两人的工作性质相同，所以常常在工作中相互帮助，关系自然非常好。原本他觉得这个女同事是一个非常直爽的人，不会因为一些小事纠缠不清。

可是前段时间，他发现这个女同事变了，变得特别爱抱怨。原因是她和男朋友分手了，两人这几年总是分分合合，这次是真的要分了。她心里不舒服，大家都能理解，可是这个同事总是会在办公室抱怨她的前男友，说起之前的经历，从相遇到分手全部都说一遍。

刚开始，大家都会停下来听她讲，还会帮她出主意，分析问题。但是她这种状态持续了一个多月，仍然不见好转，每次说起来就哭个不停，弄得办公室里的其他同事都没有办法正常工作。这让领导非常反感，同事也非常反感。

这个学员就跟这个女同事说，不能这样下去，这些负面情绪只会让生活越来越糟糕。但是这个女同事听不进去，仍然不停地抱怨。最后领导只好把她叫出去单独谈话，谈过几次之后，看到女同事没什么改变，就放弃了。

她原本是一个工作认真，有上进心的人，却因为喜欢抱怨，影响到办公室的团结和氛围，最终落得了被开除的下场。可以说，她的人生因为抱怨而发生了改变，如果她不经常抱怨的话，那么即使失去了爱情，还可以拥有自己的事业。现在她的爱情和事业都失去了，这就是抱怨的结果。

很多时候，我们去责怪对方、抱怨对方的时候，并不清楚这种抱怨只是一种徒劳，因为听众很可能只是一只"空船"。生活中这样的例子非常多，朋友与朋友之间也会互相抱怨，工作中的不愉快也好，生活中的不愉快也罢，当一个人抱怨得多了，就会带入一种消极的情绪，这不利于个人的发展。

人的生活状态被打乱之后，心里肯定会咒骂、会抱怨，这种抱怨是人之常情，但是抱怨不能解决问题，真正想要解决问题只能去做，通过自己的努力去改变。一味地抱怨、发牢骚，只会传递负面情绪。

要知道，你的抱怨原本只是想让对方同情你的遭遇，但这只会让别人把你当作一个弱者。我们应当承担责任，要保持乐观积极的心态，不要成为别人眼中的弱者。

抱怨是一种不负责任的表现，将原本属于自己的责任推给外界。事实上，当人只看到别人的错处，抱怨随之而来。如果一个人活得够"大"，那么事件本身就会变小，再看世界的人和事时，就会淡然许多。这时，你会淡泊名利、淡定从容。

无论到哪里，遇到什么样的人和事，都要从好的方面去看，从好的方面去想，而不是一味地抱怨，一味地发牢骚。当人懂得去接受，接受那些与自己想法相悖的人和事时，意味着这个人正在成长、进步。

学员心得

　　生活中，人们经常会有这样或者那样的抱怨。有时候，我们只是希望能够求得一点同情，因为在这些抱怨中，自己的心灵会得到些许的慰藉。但如果我们不能够有意识地控制这种情绪，我们就会慢慢习惯因为一些更小的事情去抱怨，并且把错误指向别人。

　　抱怨，总是发生在不经意间，并且通常会伴随着消极的情绪和负面的言论。在习惯抱怨的人眼中，他们看到的是别人看不到的黑暗，并把这份阴霾带给周围的人。

　　生活中的我，也是个偶尔抱怨的人，好在我会用教练技术去有意识地提醒自己，及时让自己摆脱出来。每年，我都会捐些图书给贫困山区的学校和同学们，希望这些孩子们能看到并且相信，这个世界上有那么多美好的事情。让他们远离消极和抱怨的心态，能够阳光、快乐的成长，并且成为传递正能量的下一代。

——李泳萱

四川五味文化传播有限公司　CEO

学员心得

　　在心理学上，有这样一个有趣的现象。如果一户人家的房子，破了一块玻璃，这户人家没有及时修补，那么用不了多久，其他玻璃也会被别人打破。这就是"破窗效应"。好比河堤，如果有了一个小缺口不及时修补，最终的结果会是整个河堤都垮掉。抱怨也是如此。

　　抱怨就像是一杯毒酒，刚开始喝的时候或许还带着一种甜味，但是喝多了，毒液就会进入到神经之中，破坏人的心境，影响到人对事物地客观判断。最终产生一种强大的负面情绪，将人的意志吞噬。

　　不要抱怨，应该学着去接纳。世界上只有三种不同的事，即我的事、他的事和天的事。如果是抱怨自己，那么学着接纳自己；如果抱怨他人，试着将抱怨转化为请求；如果抱怨上天，那么可以将这种抱怨转化成愿望。当一个人这样去做的时候，他所看到的世界将变得完全不一样。

　　　　　　　　　　　　　　　　——黄邑娥

　　　　四川大邑天人经络亚健康调理机构　法人

用成就别人的心态去付出

帆醒人生

　　当我们给别人支持，却得不到他们较好的回应，因而感到苦恼时，往往是因为我们把"支持"变成了一种条件。

　　一次，我看一位学员非常苦恼，就问他为什么。他说，他好心帮了手下一位员工的忙，结果那位员工却说还不如不帮。我问他为什么呀，他说，那位员工家庭经济条件不太好，平时自己也很照顾他。今年那位员工家种了几亩山药，等到山药成熟后，他按当时市场价格收购了那位员工家所有的山药，并将其作为福利发给了他的员工们。他觉得他为那位员工解决了销售的难题，员工肯定会非常感谢他。谁知这年山药的价格却一涨再涨，等到过年的时候，山药的价格比刚收购时的价格翻了一倍。那位员工很后悔，给自己的一位同事说，如果自己不着急出手，到春节再卖这些山药，肯定多赚一倍的钱，都怪自己太心急！这话传到这位学员耳朵里，他感到很苦恼，自己明明是出于一片好心支持帮助一下这位员工，结果他却不说自己的好！

我说："那位员工说的没错呀，他确实少赚了一倍的钱，有什么错吗？"

那位学员说："那你的意思就是说我帮助他帮错啦？"

我说："你要是真心的，那也没帮错！"

那位学员一头雾水，问我到底错在哪里。

我说："你对那位员工的帮助支持是有隐含条件的，条件是无论未来发生什么事，他都要说你好，对你千恩万谢。那么你对他的'支持'就成了索取'收益'，也就是你帮助支持他好像你是在进行'投资'。凡是'投资'都有风险。他没有感激你，还不说你的好，就等于你投资失败，失败很正常。所以你们两个都没有错。"

那位学员听了我的一番话，笑了起来，看来压在他心头的那个沉重的包袱卸下来了。

我帮助那位学员区分"投资"与"支持"，让他明白自己到底是在真心支持帮助别人，还是把支持帮助作为一种交换条件。然后他就能够以平常心来看待这件事。不用责怪他人，只要自己行得正、做得端，就不必自责和怀疑自己。嘴长在别人身上，想说什么就说什么，只要自己是真心支持帮助别人，就问心无愧，就可以轻松面对别人的闲言碎语，然后再接再厉，干自己该干的事情。

其实类似上述案例的情况在生活和工作中是经常发生的，比如说同事之间搞评比，我示意投你的票，目的是期望你别投我的反对票；我支持你的工作，也期望你不要拆我的台；自私的领导提拔与自己亲近的人，可能是期望他日做事有人支持或者为自己保守秘密，等等。也就是说人们支持对方的直接目的，是为了让对方拿出相应的"利益"来回报自己。当对方没有按自己的期望来回报时，就会感到苦恼和失望，认为自己的一腔热血"付诸东流"，既浪费了自己的精气神，又浪费了自己的时间和金钱，使自己备受打击。这样支持帮助的出发点其实并不是出于为对方考虑和着想，而是想通过支持帮助对方得到某种"回报"。

真正出于为对方考虑而进行的支持和帮助是一种开放的心态，是真心和"无我"的支持，是不图任何"回报"、没有任何私心杂念的支持，完全为了成就他人，而没考虑自己这样做了会得到什么好处。因此，即便是自己得不到任何回报、遭到对方的误解，甚至是对方把自己的好心当成"驴肝肺"，也不会感到苦恼和失望。

或许你会说，哪有这样无私的人呢？无条件支持别人不图回报，难道他是"太阳光热无穷?"我们的先贤老子给了我们答案，老子说："是故圣人后其身而身先；外其身而身存。非以其无私邪？故能成其私。"意思是说圣人先人后己，反而能得到大家的拥戴，事事优先考虑别人，反而能完成自己的精神使命。正是由于圣人能够处处为别人着想，所以最终成就了他自己。可见，圣人的"无私"奉献，也是为了达到自己"自私"的目的。只不过圣人的"自私"，是一种无形的精神追求，追求的是一种道义上的境界，是一种放眼众生，善达天下的美好愿望，他们的"自私"境界令世人无限敬仰，因而他们在成全别人的同时更是成全了自己，快乐了自己。

因此说，一些诸如"我那么关心他、支持他、帮助他，他却不说我的好"之类的抱怨，乍一听很有道理，因为抱怨者确实支持帮助了别人，可是仔细一推敲又不是，因为他支持别人是有目的和条件的，一旦达不到目的，或者对方没能肯定自己的支持，是不是就意味着自己要停止支持帮助对方了呢？如果是的话，就说明你把你的关心支持作为了一种兑换条件，去兑换别人的支持、感情、财物等。而真正关心别人、支持别人的人是不会计较个人得失的，也是不求回报的，是"无我"的。他们认为，尽自己所能去支持别人、成全别人是自己最大的快乐。

在工作和生活中我们也不难发现一些真心体恤下属、支持下属的领导者，他们把工作中的功劳和荣誉给予下属，把过失留给自己承担，从而得到员工的敬仰和爱戴，他们体会到的是整个团队的生机与活力；一些真心资助贫困孩童的慈善家，看到自己资助的孩童吃得好、有学上，可以健康快乐地生活，他们体会到的是做人的快感和满足……只要是真心支持，"一斗粟可抵得上万钟粮。"一句话即可温暖人心，让人肝脑涂地。只要人人都能真正关心支持别人，这个世界是不是会变得更加温暖与和谐？

学员心得

　　真正的给予是无条件的，所以，只要真心给予别人支持和帮助，就不会计较是否得到足够的回报，即便再多的责难都不会影响自己愉快的心情，也不会妨碍自己再次真诚地奉献爱心、成就他人。

——柳金芳

天津华城林丰木业有限公司　董事长

发掘别人的长处与进步

帆醒人生

在洪涛中，一根稻草可以挽救一个生命。若是每个人都懂得赠予别人一根稻草，肯定和发掘别人的长处，那么这个世界将变得无比美丽。

肯定别人不仅要有谦卑的姿态，而且要有一双澄亮的眼睛，能一眼就发现别人的优点。生活中每一个人都有自己的长处和优势。

当发现和看到别人的优点时，不妨给予衷心地赞美。尽管承认别人意味着自己存在不足，但是这并不会影响到你的价值。

一个结婚不久的青年来找我，他刚和新婚妻子吵架了。

他说，现在十分懊悔，为自己当初草率结婚而悔恨不已。他甚至觉得日子过得没有意思，想要和妻子离婚。

我就问他："你的妻子有优点吗?"

他说："结婚前有，现在我看不到了。"

我又问："你在她心中有优点吗?"

青年迟疑了一下，仍然说："好像结婚前有，现在没有了。"

结婚前，青年承认妻子的优点，所以两个人和睦地相处生活。结婚后，因为生活上的琐事，两个人的情绪发生了变化，认为对方的优点都不存在了。

事实上，对方的优点仍然存在，只是他们都被生活蒙蔽了双眼，看不到，也不认可罢了。如果人人都像瓦片，坚硬的棱角只会伤害到别人，也会伤害到自己。如果人人都能像棉花，认可别人的优点，那么它就会帮你抵御风寒，像阳光一样温暖。

你的价值由自己所决定，而不是他人。在竞争激烈的现代生活中，越来越多的人把目光投注在自己身上，很少去关注别人的情况。他们每天都是在说自己的事，今天在朋友圈说去哪里旅游了，明天发品尝美食的照片，殊不知，生活中的每一个可能都是在与他人交织中发生的。

当我们看不到别人存在的时候，自己也会失去意义。如果没有和朋友一起分享，美食也因此淡然无味。若是朋友圈没有朋友关注，这些生活上的分享也将失去意义。

人与人之间必然会产生交集。如果我们都像一只将头埋进沙子的鸵鸟，只看自己的优点，那么只会陷入到自大和自满的情绪之中。这种情绪是致命的，会把你弄得伤痕累累。因为在这样的情况下，你很难虚心去学习，去要求自己进步。

认可别人的优点是生命感召的过程，也是一个能动的过程，当我们善于发现并欣赏他人的时候，我们就会有意想不到的收获。

世间最难的事，莫过于客观公正地认可别人。因为很多人觉得认可别人是在承认自己的不足，是在助长他人的威风，灭自己的志气。其实并不是这样，承认别人是一种豁达心态的表现。

"渴望得到赏识是人性中最深切的心理动机。"一位著名的心理学家这样说过。我们渴望得到别人的认可，并将此作为鼓励自己的契机。

被人认可意味着自己所走的路和所选择的方式是对的，如果没有人认可，那么就会产生怀疑、产生疑虑，无论内心多么强大的人都会如此。所以认可别人能让别人由衷地感谢你。

在洪涛中，一根稻草可以挽救一个生命。当你拥有这样的稻草的时候，何不赠予别人呢？若是每个人都懂得赠予别人一根稻草，愿意去发现别人的长处，那么人与人之间的争斗将减少许多。如果我们都愿放低自己的姿态，认可他人，那么这种谦卑的精神也会影响到他人，你自己也会得到承认和认可。

有个母亲和儿子谈到他的女朋友时，这样问他："她为什么会喜欢你？"

儿子谦虚地回答："这很简单，她认为我英俊并且风趣。"

母亲又问："那你为什么喜欢她？"

儿子答道："我就是喜欢她认为我英俊并且风趣。"

当你认可别人的优点时，别人也会给予你相同的回报。当我们向身边的人投递更多的赞美和认可时，我们将会赢得更多的信任和感动。

这是一种境界，亦是一种胸怀。

"三人行必有我师。""赠人玫瑰，手有余香。"只要我们用虚心的态度向别人学习，认可他人，反省自己，便是一种思想与境界的升华。

世界上的芸芸众生何其多，每个人身上都有自己的闪光点，越是这个时候，就越需要我们深入地交流、相互理解。也许他的综合能力不高，但是他亲和、有义气、懂得关爱他人，尤其是有一颗善良的心，这些不正是他值得我们肯定的优点吗？如果我们一开始就将他拒之千里，就无法发现他的这些长处，就会失去一个值得交往的朋友。

人与人之间的信任和感情，并不是与生俱来的，而是在不断地交流与合作中产生的。这种感情不仅取决于人的自觉，更取决于人的主动。

如果你想与别人友好相处，并不在于他人怎么做，而在于自己。这需要你有一双善于发现的眼睛，发现他人的长处，鼓舞他人、赞许他人、肯定他人。这不仅是对他人的认可，也是对自己的肯定。当你只看到他人的缺点时，他人也会看到你的缺点。你怎样看待周围的人，周围的人就怎样看待你。

学员心得

如果别人取得了成功，为什么不称赞别人呢？如果别人的东西做得很漂亮，为什么不赞扬别人呢？即便是你的竞争对手，你也不能因此嫉妒，说出违心的话，这样只会让你的心胸越来越小，显得不成熟，没有风度。

你称赞别人，别人得到的是鼓励和肯定，而你得到的是尊敬与信任。无论对你，还是对他人，这都是一种强大的精神力量。

如果你吝于认可别人，那么别人也不可能认可你。这种认可和承认是相互的。如果你对别人恶语相向，那么别人也会对你恶语相向，原本可以成为知己和朋友的人，反而会成为一对死敌，甚至会相互攻击，最终两败俱伤。

无论在任何时候，我们都不能昧着良心说话，也不能任人唯亲。你一个小小的鼓励和肯定，会对另外一个人产生非常大的影响。今天，你给予他一根稻草，明天就有可能收获一整片森林。

——陈志强

上海恒强木业集团　董事长

个人成长

镜子练习——用身边人的缺点提醒自己

练习效果：

很多人经常指责别人身上存在的缺点，却经常忽略甚至不愿承认，那个缺点其实源于他自己。这个练习，就是让人意识到自己身上存在的问题，为进一步改正打下基础。

练习方法：

写下你经常看到的亲人们的缺点。

1.＿＿＿＿＿＿＿＿＿＿＿＿＿＿＿＿＿＿＿＿

2.＿＿＿＿＿＿＿＿＿＿＿＿＿＿＿＿＿＿＿＿

3.＿＿＿＿＿＿＿＿＿＿＿＿＿＿＿＿＿＿＿＿

写下你经常看到的好友们的缺点。

1.＿＿＿＿＿＿＿＿＿＿＿＿＿＿＿＿＿＿＿＿

2.＿＿＿＿＿＿＿＿＿＿＿＿＿＿＿＿＿＿＿＿

3.＿＿＿＿＿＿＿＿＿＿＿＿＿＿＿＿＿＿＿＿

写下你经常看到的同事或者同学们的缺点。

1.＿＿＿＿＿＿＿＿＿＿＿＿＿＿＿＿＿＿＿＿

2.＿＿＿＿＿＿＿＿＿＿＿＿＿＿＿＿＿＿＿＿

3.＿＿＿＿＿＿＿＿＿＿＿＿＿＿＿＿＿＿

上面的这些缺点中，有哪几个缺点是重复出现的？

1.＿＿＿＿＿＿＿＿＿＿＿＿＿＿＿＿＿＿

2.＿＿＿＿＿＿＿＿＿＿＿＿＿＿＿＿＿＿

3.＿＿＿＿＿＿＿＿＿＿＿＿＿＿＿＿＿＿

其实他们就是你的镜子，这些缺点在你的身上早已根深蒂固，如果你觉得不可思议，那就仔细想想都有哪些事情能佐证它们的存在。

1.＿＿＿＿＿＿＿＿＿＿＿＿＿＿＿＿＿＿

2.＿＿＿＿＿＿＿＿＿＿＿＿＿＿＿＿＿＿

3.＿＿＿＿＿＿＿＿＿＿＿＿＿＿＿＿＿＿

接受你身上的不完美，你才能有改变的机会，那么，写下你现在的感受和你接下来的打算。

1.＿＿＿＿＿＿＿＿＿＿＿＿＿＿＿＿＿＿

2.＿＿＿＿＿＿＿＿＿＿＿＿＿＿＿＿＿＿

3.＿＿＿＿＿＿＿＿＿＿＿＿＿＿＿＿＿＿

第七章

失衡与平衡

对与错的分界线

帆醒人生

我们平常所说的对与错，是站在大写道德的
基础上认定的。但在现实中，很难界定对与错。

生活中有很多值得我们争论和分辩的矛盾，其中很常见
的一个就是"对与错"。

现实中有很多事情我们是很难认定是对还是错的。

比如，一个人为自己的理想努力奋斗，最终却以失败告
终，你说他是对还是错？一个人为自己的爱人做了超越自己
底线的事，你说他是对还是错？一个人成家之后，又去追求
自己的真爱，你说他是对还是错？小时候父母教会我们独
立，给我们指点生存的方式，而当我们真正要独自尝试着

闯荡时，他们又怕我们摔着、碰着，用宽大的臂膀护着我们，甚至阻挡我们做他们认为有风险的事情，你说他们是对还是错？父母常教导我们要见义勇为、报效国家，但当我们真正要见义勇为、报效国家的时候，他们却拼命阻拦，这表里不一的教子方法，你说他们是对还是错？在人际交往中，由于社会环境、社会地位、众人评价不同，每个人的看法自然会不同，你眼中的好人可能是他人眼中的坏人……这些问题你说对、他说错，谁都能说出自己的理由，谁都有反驳对方的依据，因此谁都无法拿出充分的理由说出到底是对还是错，到底谁对谁错。

我在做培训的时候，曾经与学员们讨论了一个非常有意思的案例。

一个年轻的女孩爱上了一个有妇之夫，这个男人非常爱自己的老婆和家庭，但他对这个女孩也非常同情和怜悯，害怕伤了她的自尊心，没有断然拒绝，半推半就一直保持着联系。

结果他老婆发现了，认为丈夫背叛了自己，好好的一个家以他们离婚告终。我问学员们这个男人是对还是错，当时很多学员说，这个男的错了，他不该优柔寡断，既伤害了自己的妻子，又毁掉了自己的家庭；也有的学员说，这个男人很善良，他是为了不伤那个女孩的自尊才那么做的……最后我说，如果从当事人的角度来裁定对与错，他的老婆和家庭都是受害者，所以那个男人做出的事情是错误的，但那个女孩肯定认为他是对的，她还会认为她有获得真爱的可能。

但站在大写道德的底线上，很明显是那男人做错了，他那叫做感情用事，不叫同情和善良，因为他突破了道德的底线，伤害了自己的亲人，毁掉了自己的家庭，从而也影响了社会的稳定。

那么什么是对，什么是错呢？我认为，每件事情的对与错都是相对的，均因我们每个人的看法、目的、思想认识等不同，而裁定其是对还是错。如果仅仅站在自己的角度来说，自己永远是对的；如果不受各种道德礼法的限制，每个人也都是对的。人性本恶，我们需要用道德礼法来限制和束缚利己不利人的行为和事情，因此，我们平常所说的对与错，是站在大写道德的基础上认定的对与错。

其实生活本来就无所谓对和错，可我们几乎每天都在做同样一件事情，那就是"证明自己是对的，别人是错的"：向家人证明自己是对的，向朋友证明自己是对的，向同事证明自己是对的，向老板证明自己是对的，向客户证明自己是对的……向这个证明，向那个证明，天天证明，证明了很长时间，即便证明你都是对的，又有何用？正是因为你毫无顾忌地证明自己是对的，大家都离开了你！正是因为你毫无顾忌地证明自己是对的，可能很多机会都会与你擦肩而过！试想，在你证明自己对的时候，你是否忽视了别人的存在？是否打击了别人的热情和干劲？是否伤害了别人的自尊？是否扫了大家的兴？你时时证明自己正确，别人就不会再愿意主动与你来往，不愿意与你共事，不愿意为你做事。直到有一天，当你最亲近的人也离开你的时候，你才会发现，你为"对"字付出了多么惨重的代价！记得有人对我说："不要与这个世界较真，否则吃亏的是你自己。"

有一次，一位表演大师准备登台表演，路过走廊时，一个小男孩叫住了他，指着他的鞋带对他说："先生，你的鞋带没系好，会影响你的舞台形象的。"大师非常感激地对小男孩说："谢谢你，小朋友。"然后就弯下腰把鞋带系上了。小男孩非常高兴地转身离开了，这位表演大师又弯腰解开了鞋带。旁边有一个人看到这一幕，觉得非常奇怪，就问他为什么这样做。大师回答说："下一幕剧情需要我松开鞋带，那个小男孩不知道。"那人又问："那你怎么不告诉他，还要麻烦自己这一次呢？"大师回答说："如果那样的话，就会打击他帮助别人的热情，但我不想打击他。"

大师没有在乎事情的对与错，而是为保护孩子助人的热情，按孩子的提醒系上了鞋带。这就是大师的境界。对与错不重要，重要的是无论对与错，都要以人为本，考虑别人的感受。大师的境界值得我们尊重和敬仰。

学员心得

　　人非圣贤，孰能无过？每个人都有自己的优点和缺点，每个人一生都会犯这样那样的错误，人的一生本身就是一个不断犯错和改错的过程。对于犯错的人，我们大可不必太指责，因为天底下没有哪一个人愿意或故意犯错误，谁犯了错误心里都不会好受。金无足赤，人无完人，我们自己都不完美，又何必苛求别人无瑕？对与错不重要，重要的是无论对与错，都要以人为本，考虑别人的感受。相互宽容、相互理解、相互体恤才是相处之道。

　　　　　　　　　　　　　　　　——张　员

逸丝风尚　总裁

你要的是对，还是赢

> 我们经常为了证明自己"对"而放弃了"让自己赢在最后"这件至关重要的事。

一位学员非常苦恼地对我说，他老婆生气抱着孩子回娘家去了。

我问他："她为什么生气？"

他说："就因为我为了取得一份订单，跟客户喝酒回家晚了。".

我又问他："那你几点回的家？看见老婆生气你做了些什么？"

他说："我凌晨2点半回的家，老婆还没睡觉，气呼呼地坐在床上等我，见了我就不分青红皂白地说：'你还知道回家呀，你把家当成旅馆啦，想什么时候回就什么时候回？你就知道在外面陪客户，把我一个人丢在家里，我一个人在家既要干家务，又要照顾孩子，我很辛苦你知道不知道？'我在外陪客户喝酒就很累了，而且还取得了一份订单，本来还想着回家后好好与老婆分享一下成果，结果见老婆一点都不理解、不体谅，我也气不打一处来，我强硬地据理力争：'你就知道自己辛苦，你以为我在外面容易呀，我在外面陪吃、陪喝、陪笑还不全是为了多得到一个客户和订单吗？'老婆见我语气强硬非常气恼：'是我重要还是客户重要？是订单重要还是儿子重要？''你以为我愿意在外面啊？我这么做还不全为了家和孩子？太不讲理啦你！'公说公有理，婆说婆有理，我们俩就开战了，吵到最后也没能分出胜负，谁也没有让步。我气得在沙发上窝了一夜，第二天一早，老婆就抱着孩子回娘家了。"

我听完他的叙述后，笑着问他："现在你认为你错了还是你老婆错了？"

他想了想说："她先错，我这么辛苦地为家赚钱，她不该对我发脾气。"

我说："回来得这么晚还与自己老婆争对错，这就是你的不对了。再好脾气的老婆也能让你给气跑了。一个男人如果连家里都搞不定，又怎能在外面做好事情呢？像你这样，即便是赢了天下也会输掉家庭！如果当时你见老婆生气，马上认错，她还能生气吗？肯定不会呀！不但这场争吵可以避免，再有类似的事情发生，她也不会再发脾气了，她也会更加好好地珍惜你，更加帮你照顾好家。你才会成为最后真正的赢家。这叫作'家和万事兴'。现在倒好，老婆让你气回娘家了，你有心思工作吗？"

这位学员猛然醒悟，随即到丈母娘那里又是赔礼又是道歉，结果把老婆搞得很不好意思，抱着孩子就跟着他回家了。

这个故事可以引发我们很多思考，这位学员为取得订单陪客户到深夜才回家，可想而知他一定身心俱疲，结果回到家老婆对他大发脾气，他也确实很无辜、很委屈。为证明自己的无辜，他强硬回击老婆，结果两个人闹得不可开交，不分胜负，气得老婆带孩子回娘家。这种做法不但没有争出正确与否，还大大伤害了夫妻间的感情。

常言道，清官难断家务事。夫妻间的事情要想争出孰对孰错，可以说根本就不可能。因此一方即便再有理，也不要得理不饶人，否则日子就没法往下过，因为争来争去的最终结果往往是夫妻感情破裂。这难道是理想的结果吗？

不但在夫妻关系中你不能时时刻刻为证明自己的正确而喋喋不休地争论，在朋友关系中你也不能毫不顾及旁人的感受而极力证明你是对的，在同事关系中你也不能为证明自己的正确而不计后果地据理力争……，因为争论到最后即便你胜利了，你也并不一定能得到想要的结果，有时还会与结果背道而驰。上述的案例就充分说明了这一点，这位学员本来在外面辛苦赚钱不容易，他就是基于这一点与老婆针锋相对、据理力争，其结果是被老婆包容了，还是被理解了？都没有，结果是老婆被他气跑了。这是他想要的结果吗？显然不是。

其实在生活中这类人有很多，他们的状态让人感觉他们就是一名为"正义"而战的"角斗士"，手握着无形的长矛，披着看不见的铠甲，只要有人违背"正义"，他们就会随时跟别人决斗。如果你也属于这类人，那么想想看吧，即便你是最正确的，决斗的结果会是什么？跟同事斗，你斗赢了，团队没了；跟老板斗，你斗赢了，你的平台就没了；跟顾客斗，你斗赢了，顾客就走了，你的生意也就黄了；跟朋友斗，你斗赢了，朋友就少了；跟家人斗，你斗赢了，亲情没了；跟爱人斗，你斗赢了，感情没了……无论跟谁斗，往往都是赢了"面子"，输了"里子"。其实最终结果是输了，而且输得还非常惨烈！那么，想想看，你到底是要"对"还是要"赢"？

或许你会说，我认输不就显得我很没有骨气吗？如果抱着这样一种心理，那么你就太小气了！常言说得好："退一步海阔天空，忍一时风平浪静"，对别人的过错进行指责固然无可厚非，但能用博大的胸怀去宽容别人，世界岂不是会变得更加精彩？有一种智慧叫"为对手叫好"，有一种风度叫"主动认错，主动吃亏"。放低姿态做人，在低调中修炼自己，方能在千变万化的人际关系中"进可攻，退可守"。如果一个人处处不肯吃亏，不肯让步，即便你是正确的，也难免会遭遇惨败。

竹子遇风弯腰，仿佛没有骨气，其实它拥有的是不争一时之勇的大气；劲松见雪低枝，似乎不够硬气，其实它拥有的是不逞一时之快的韧性；梅花不与百花争艳，仿佛不够勇气，其实它却有着傲霜斗雪、一枝独秀的大气。

相信我们每个人期盼的结果都是赢在最后，而不是证明自己绝对正确！

虚怀若谷，包容一切，不是懦弱，是大气，有大气者，必成大器！

学员心得 🔍

在现实社会里，凡事若能分清是非曲直、善恶对错固然是好的，但过分较真，为证明自己的对，与同事争、与上司争、与朋友争、与亲人争，又有谁能受得了你并与你为伍呢？最终你往往会使自己陷于众叛亲离、与世隔绝的境地，你又怎能获得事业的成功、家庭的幸福美满呢？为了一个"对"字，你全盘皆输，你认为是值还是不值？那么你要的是对还是赢呢？

对错别太认真，认真就输了。要成就事业和家庭，对一些鸡毛蒜皮的小事就不要太计较，只要不是原则问题，该糊涂时就糊涂，睁一只眼、闭一只眼，也不失为一个好计策，如果事事都要分清对与错，自己就需与人唇枪舌剑，势必会使自己绞尽脑汁、筋疲力尽，落于平凡、沦于琐碎，又怎能成大事、立家业呢？

因此做人应该学会包容和谅解，学会欣赏、鼓励别人的优点，学会包容、原谅别人的无心或情有可原的小过错，这才是处世待人之道。

——刘艳萍

吉林省普林松药业有限公司 总经理

越满足，就会越幸福

帆醒人生

> 把源于生活的渴望转化成积极处世的心态，与其一味地去追求看不见的东西，不如停下来好好看看自己拥有些什么。

　　幸福不是镜中之花，也不是水中之月，它是人人都能简单拥有的感觉。沙漠里的人因有一碗水而感到幸福，饥饿的人因有一顿饭而感到幸福，忍受寒冷的人因遇见能抵挡风雨的茅屋而幸福。这是因为他们感觉到了满足，因为满足，所以才拥有了幸福。

　　如果你不懂得满足，那么幸福就不可能出现。你的人生就好比是一个沟壑，除了欲望还是欲望，无论填入多少东西都不可能将它填满。相反，只会越陷越深而不能自拔。

有一位家财万贯的商人，整天闷闷不乐，他感受不到任何幸福。

他每次带着商队从山中经过时，都能看到一个樵夫，高兴地唱着山歌，卖力地砍柴。他脸上的笑容让商人很是费解。

终于，商人再也忍不住，走到那个樵夫面前："我真不明白，你这么穷，为什么还这么幸福呢？"

樵夫抬头看着商人，不解地问："我也不明白，你这么有钱，不愁吃也不愁穿，为何整天愁眉不展呢？"

"我虽然有钱，但是我的家庭却非常不好，整天生活在明争暗斗之中。我感到非常地孤独，身边没有一个可以倾诉的人。"商人非常哀伤。

"我虽然穷，没你那么有钱，但是我能时时感受到家庭的温暖，我的家人就是我的靠山，是我的支柱。还有那个姑娘投向我含情脉脉的一瞥，都让我感觉到幸福和快乐。"

商人惊讶地张大了嘴巴，他不敢相信，面前这个樵夫竟然因为简单的一瞥而高兴成这样。"这你就满足了？"

樵夫用力地点了点头。

生活就是如此，让人快乐的事每天都在发生，当它出现在我们面前时，我们并没有感受到，还让它悄悄地溜走。这是因为我们的心被欲望侵蚀着，欲望之火让我们不懂满足，时时刻刻想要追求更多的东西。

幸福是一件简单的事，它源于对生活的满足。所谓知足常乐，只有懂得满足的人才能感受到生命的乐趣。因为生活在无形之中给予了我们很多，只是我们浑然不知罢了。

卢梭说过："幸福是一种持久的状态，仿佛不是为世人而设的。但幸福却是简简单单就能获得的东西，它离我们并不遥远。"

当一切处于运动变化之中的时候，人心会随着年龄的变化而变化，会随着得到与渴求而发生变化，今天一杯水或许就让你感觉到了幸福，但是明天同样的一杯水却无法让你产生这种感受。你的内心因为昨天的那杯水改变。其实水仍然是那杯水，只是它已满足不了你的渴望，对你而言所需要的是一杯饮料或是一杯牛奶。

生活总是在变化，没有哪个人的生活会一成不变。但是人们对幸福的追求不会改变。

欲望是人对物质和精神的一种追求，它是人的一种本能。如果一个人的需求得不到满足，那么他的内心就不会产生满足感，就不可能感受到幸福。

但是只有经历过苦难的人，才能真正明白其中的含义。

人的生命是有限的，不可能主宰一切，这时需要用客观的眼光看待自己，发现自己的长处和亮点。你处于什么样的位置，通过努力可能得到什么。当你真正了解自己的时候，你就会因此变得积极乐观。

一个人能否成功，与他的地位、荣誉、金钱毫无关系，只有平和的心态才是成功的标准，甚至是最为重要的标准。

这意味着人的成熟，意味着人的成长。

等一个人的心态真正平和下来，不再以别人的标杆来衡量自己时，就很容易发现自己现在所拥有的一切也是一种莫大幸福。

然而并不是每个人都能觉察得到，他们仍然处于奋斗与追逐之中，自然就忘了自己现在所拥有的东西。

幸福没有绝对的定义，只需要把目光放在当下，便能感受到它的存在。

有人说有钱就是幸福，可以买名牌包，穿漂亮的衣服。还有人觉得幸福就是有权有势，谁也不敢欺负你，而你可以欺负别人。其实这些都不是幸福，当你真的得到这些之后，你并不会感受到幸福。因为你看不到眼前，总是把目光投向遥远的将来。

每天工作回到家之后，坐在沙发上，闭上你的双眼，用心去感受，你会惊奇地发现，原来自己一直渴望的幸福就在身边。

我们每个人都是孤独存在的个体，要失去之后才懂得珍惜。当你感到饥饿的时候，一碗面条就是幸福。当你辛苦工作了一天回家的时候，妻子关切的眼神就是幸福。当你感到万分难过的时候，有人为你递上一张纸帕，更是一种幸福。

幸福就在这不经意之间，就在这微小之处，却能让我们感到温暖。

学员心得 🔍

幸福是每个人一生的追求，每个人都渴望拥有幸福，幸福也是每个人都能拥有的。

但是很多人都感受不到幸福的存在，认为自己不是缺少这，就是缺少那，不是这里不如意，就是那里不满意。生活中太多太多的事让他无法感觉到快乐。那么这样的人生是负累的人生，是永不知足的人生，这样的人生是不可能幸福的。

因为他只是不停地追求，不断地向前走，根本不会停下来，看看面前的风景，试想，即使路过非常优美的风景又怎么样，你也无暇顾及。其实它就在你面前，但是你却无视它们的存在。

幸福也是如此，幸福每时每刻都在你的身边，它并不是镜中月、水中花，而是实实在在可以感受到的，它会让你的内心感到愉悦。可是你无法察觉到它，因为你欲求不满，人的欲望如同万丈深渊，是无论如何都无法填满的。

这是每个人身上都有的缺陷，但是有的人能克服内心的无限渴望，他们着眼于当下，把现在所拥有的当作一种快乐，所以他们永远都是幸福的。

——方世颖

东莞硕达检测技术股份有限公司　董事长

选择逃避，还是负责到底

帆醒人生

人活着，就不能逃避责任，应该将自己的责任扛在肩上。承担责任的过程就是实现人生的过程。

夫妻间如何相处？这里面有大学问。

组建一个家庭是非常不容易的事，但要将家庭维护好，则需要用心去经营。有人的做法是"相敬如宾"，这种方式无可厚非，但是并不适合所有的家庭。

所谓"男人有钱就变坏"，其实只是片面的看法，不是男人有钱才变坏，而是骨子里就是如此。因为经营一个家庭是夫妻双方的责任，而不能仅仅靠其中一方，只有双方共同承担起家庭的责任，这个家庭才会幸福美满。

我见过一对年轻夫妻，刚开始男方的家长同他们一起生活，负责做饭，后来家长回老家之后，两个人就不在家里做饭了，要么下馆子，要么叫外卖，还带着一个三岁的孩子。我当时就很奇怪，既然组成了一个家庭，为什么不试着下厨房，学做一顿饭呢？当然，学会做饭并不能代表什么，但这至少是家庭最重要的一部分。如果是一个人，可以随便将就一下。但是两个人在一起生活的话，就应该有生活的样子。

这样的现象非常普遍，关键原因无非是两个人没有承担意识，还不知道组成家庭后自己该扮演什么样的角色，自己的位置在哪里？如果不能摆正自己的位置，那么就没有办法意识到自己的责任有多大。有时候，我们只有将自己从原来的状态中解放出来，站在另外一个层面上看问题，才能明白自己该怎么做。

责任对一个人来说是非常重要的，一个不肯承担责任的人是不会赢得人生的。父母要承担抚养子女的责任，无论子女怎样，父母都应该无条件将子女抚养长大，并让子女接受应有的教育，而不是将子女丢在一旁不理不问。同样的，两个人组成家庭之后，就有经营家庭的责任，迁就彼此，共同营造一个小世界，而不是找理由推脱肩上的责任。一个人想逃避责任是非常容易的，但是这种逃避并不能解决问题，只会让家庭关系越来越差。

每个人肩上都有来到这个世界上应该承担的责任，奋斗的过程就是不断承担责任的过程，尽到自己应尽的责任，不仅家庭会美满，工作和事业也会因此蒸蒸日上。只是很多人并不明白，依旧过着逍遥快活的日子，这样的日子总会到头，到最后仍然要回归到责任上面。如果只想着轻松自在，那么将来一定会吃更多的苦。一个人能承担多大的责任，他的人生就能有多辉煌。

学员心得 🔍

　　家庭是平衡的，需要两个人的共同付出，而不是单方面的维持。我们想要幸福，幸福其实很简单，就是将自己的责任尽到最后，尽责任的过程就是追求幸福的过程。

　　在人生的旅程中，我们没有理由逃避，也不能逃避，只能迎头向上，承担自己的责任才能赢得人生。

——李秋杰

秦皇岛怡顺百鑫商贸有限公司　董事长

曼陀罗——让你拥有极富效率的时间规划

练习效果：

规划好自己八个维度的主要目标，并利用表格来将这些大目标进行分解，通过这种方式显著提升个人的时间利用率。

练习方法：

请在如下的八个方向上，为你下个月的时间做一个规划。

事业

理财

健康

人脉

家庭

休闲

亲子

学习

月底，回顾一下表格中这些计划的完成情况。如果完成了，给自己一个大大的奖励。当然，如果没有完成，也不用沮丧，下个月多多注意，争取有所改进。

在制订完下个月目标的时候，请在同样的八个方向上，为你接下来一周的时间做个规划。请注意，这些规划是为了实现上面表格中的月度计划而设定的实现步骤。

事业

理财

健康

人脉

家庭

休闲

亲子

学习

周日的晚上，看看上次定的计划中，有哪些没有完成，请放到下一周里，如果全都完成了，告诉自己："你向目标又大大地迈进了一步。"

第八章

气度与格局

你可以有更多看问题的方式

帆醒人生

　　换个角度看问题，你才能更加理解对方所想；换个高度看问题，你会发现事情并非像你想的那么糟糕；换个时间跨度看问题，你会发现其实没有问题。

　　从自己的角度去看问题，我们的感受来自于自己人生的体验。这个时候我们可以换一个角度，比如试着从对方的角度去看问题，设身处地地为对方着想，甚至将自己代入到对方的角色之中，想一想如果自己处在那个位置，将会是怎样的感受。懂得这样看问题的人，更容易体谅对方。

　　有一次，我和几个朋友去登山。这时，遇到几个从山上下来的人，他们满身疲惫，身上全是汗。于是我就问他们：
"山上好玩吗？"

其中一个人说："别提了，什么也没有，只有一座破庙！"

另一个人说："风景很不错，能看到整个城市的美景，
如果晚上来更好看。"

还有一个人说："和其他山没什么两样，总之就是累、
累、累。"

听到他们的说法，我笑了起来。山上的风景是相同的，
但是在他们眼里却完全不同。有的人心胸豁达，所以心里装
的是美景；有的人纠结细节，所以看到的只是破庙，而不是
虔诚；还有的人怕累，所以只是感觉到累，而不会觉得身体
得到了锻炼。

在这里，我只想说，当我们从他们的角度去看"山上的
美景"，也许就更能认同他们的结论。生活中的很多事情，
如果双方能够真正达成共识，矛盾也就消失了。

看问题的方式有很多种，比如从第三方的角度看问题，
把"我"和"你"都撇清楚，那么得到的结论或许更真实。
如果这样还无法得到满意的答案，那么不妨将自己置身于
一个更高的角度，来看下面的风景，你会觉得你以为的"大
事"，其实并没有什么值得在意的。所有的一切都将随着生
命的消失而消失，再大的恨又怎么样，还恨得起来吗？再大
的苦又怎么样？还有什么好苦的。痛苦往往来源于角度的单

一，当我们试着从更高的层面去看问题时，就会发现再大的坎坷，再大的难题都不算什么。你的世界也会因此而发生改变，因为视角变了，心态也会跟着改变。

除此之外，你还可以想一想，现在正在纠结的事情，等百年终老之后，结果会怎么样呢？你会发现，现在的纠结在时间的长河之中不算什么。

很多时候，不是问题没有办法解决，而是思维不肯发生转变。当我们扩展思路看问题的时候，所有的问题都将不是问题。所以，任何时候，我们都应该换一个角度看问题，将这种方法变成生活中的一种习惯，久而久之我们就能拥有更广阔的视野，找到更多解决问题的方法和途径，而不是在一棵树上吊死。

学员心得 🔍

我们做任何事情，如果只考虑自己，那么就会成为一个自私自利的人，这样的人是不可能取得大成就的。在生活中，我们都遇到过这样尴尬的事：明明是想帮助对方，结果对方并不领情，反而被责怪多管闲事。我们只是好心，结果却办了坏事。这是为什么？原因就是我们没有换位思考，没有找准对方真正的需求。

再比如，孩子做错了事，家长发脾气是再正常不过的事，但是却几乎没有一个家长去考虑孩子的感受，只强硬地认为他就是做错了事。事实上，也许孩子觉得自己没有做错呢？如果家长试着站在孩子的角度考虑一下，或许就不那么生气了。

无论是教育孩子，还是帮助他人，我们都要学会换位思考，站在别人的角度想一想，站在更高的角度想一想，了解别人的真实处境，弄清楚事情本质，这样才能让自己的付出收获最大的回报。

有时候，当我们换位思考之后，就会更理解对方，理解生活中的每一件事，而不是一根筋到底。这是基本的道理，也是对别人的尊重。同样的，只有站在更高的角度，我们才能学会怎么做人、怎么做事，使自己成为一个豁达的人。

——杨嘉莉

香港富卫保险有限公司　策划师

人生应该学会投降

帆醒人生

人生中，每一次"投降"、每一次后退都是一种妥协，而不是认输。今天你懂得向生活投降，退一步去看问题，那么明天生活就会向你"投降"，因为你会从本质上解决问题，掌控自己的生活。

"投降"并不是一种懦弱的表现，而是认清本质，选择最好的解决方式。

有一次和几个朋友在外面聚会，刚刚坐下，媳妇的电话就来了，劈头就问："你什么时候回来？"

我想着这么多人，怎么能说回去就回去，就说："这会儿人多，起身就走不礼貌。"

那次聚会到很晚，回到家，媳妇铁青着脸看着我说："你不回来我就睡不着，你不知道吗？"

当时，如若我和其他男人一样，满心酸楚继而满腹牢骚，两个人自然会吵起来。今天你不让我我不让你，明天你不理我我不理你，严重的，后天就一拍两散了。

很多家庭无法维持下去，无非是没有处理好这些鸡毛蒜皮的小事。想到这里，我把牢骚收回去，往地上一跪说："媳妇我错了。"

媳妇看我如此严肃地认错，危机自然就化解了。

其实，这里面的智慧就是学会"投降"。有人会说，男子汉回到家里怎么可能给媳妇下跪呢，太没有尊严了。又有人说，男儿膝下有黄金，怎么可能随便下跪。要我说，"男儿膝下有黄金"说得真好，这男人要是一下跪，"黄金"自然就来了。

"投降"的智慧并不是真的向别人"投降"，而是向自己的目标"投降"。只有向自己的目标"投降"，才是放自己一马，把焦虑的情绪转移出去，这样生活中的争吵也好，工作中的困难也罢，都会少许多。

家庭是两个人共同组成的港湾，也是社会生活的基本组成。一个家庭的琐事远超过你的想象，柴米油盐酱醋茶，每一样背后都灌注着心血。两个人在一起生活的时间久了，自然而然地就会产生矛盾，动辄小吵，往坏处去就是大吵大闹。

至于谁对谁错，还真说不准。如果都想争个对错，矛盾必然就会产生。"清官难断家务事"的意思就是再公正清廉的官，也无法给家庭断个是非出来。无论是在家庭生活中，还是在社会生活中，人都要学会"投降"。只要学会"投降"，再大的家庭矛盾也会迎刃而解。

所谓"修身齐家治国平天下"，把"齐家"放在"治国"之前，如果连家都处理不好，怎么能在外面做一番事业呢？

孟子说："生，我所欲也；义，亦我所欲也。二者不可得兼，舍生而取义者也。"这是孟子作出的选择，他告诉我们，宁可失去生命也不要"投降"。所以长久以来"投降"被看作一种可耻的行为，也是小人与君子的差别。很多时候"投降"比不"投降"更难、更痛苦。

在传统大观念的教育和熏陶下，"宁死不屈""男儿膝下有黄金"成为一种做事准则，所以当遇到困难时，这些准则无形中约束着人，令人无法变通、无法找到退路。但若是肯退一步想，从更大的层面去思考问题，便会发现，你所面临的矛盾其实很好化解，只要让一步，就什么问题都没有了。

生活中的哲理往往似是而非，看上去合理的事情，却又充满着矛盾。生活中的哲理十分深奥，所以我们要打破常规，用更广阔的思维看待问题。

　　我们都知道，生活中有很多大矛盾都是由一件很小的事情引发的，只是在处理这些小事情时，没有采取正确的方法，双方都处于亢奋的状态之中，结果导致各种各样的悲剧发生。

　　我们不愿意"投降"、不愿意认错也是人之常情，但这并不是智慧的体现。人要智慧地活着，尤其是在现在这个社会，人与人之间的相处是一门复杂的学问，你要是不懂得其中的奥秘，真正吃亏的就是你自己。

　　家庭并不是一个能分清对错、明辨输赢的地方，面对你的家人，面对你的爱人，如果能为他们好，做一些"投降"的事情，又有何不可呢？

　　"投降"是心理的让步，是争执面前的一种让步，是一种随和的心态，它不仅表现在行为上，更体现在心理上和思维上。

　　当一个人真正学会"投降"，当一个人真正愿意向自己的目标"投降"的时候，他的人际关系自然会非常好，他的家庭自然会十分和睦，他的事业自然会一帆风顺，他的人生自然会越来越好。

学员心得 🔍

　　一个人在成功的路上必然会遇到很多不公正的待遇，这是人生的旅途中必经的过程。如果不懂得接受，那么这种不公正就会慢慢转化成不可调和的矛盾，当矛盾到达一定程度时，这个矛盾就会爆发出来。这时候，受到伤害的就不只有对方，还有你自己了。

　　所以，无论在什么情况下，都要保持冷静，想想你的目标是什么，想想你究竟要什么。是和别人争执吗？是和别人分个高下吗？很显然，不是的，没有人会无聊到这种程度。一旦弄清楚自己的目标之后，再想想，争执下去究竟对还是不对。

　　人只有如此，才能明白"投降"的意义。今天你"投降"了，你让了一步，并不意味着你输给了对方，相反你避开了一场无关紧要的争执，你成功化解了一桩纠纷。所以，"投降"并不是向对方"投降"，而是懂得接受生活中的每一件事，向自己的目标"投降"。你来这里，是要成功的，而不是无休止地去争论。

　　　　　　　　　　　　　　——陈　超

　　　　　　　　　　　熙客餐饮　总经理

"坑人"的俗语——你敬我一尺，我敬你一丈

人与人之间的关系就像是海绵，想要别人真心对待你，那么你首先要真心去对待别人。往往你怎么对待别人，所收获的将是同样的对待。所以我们要明白生命中的舍与得，无论是有舍才有得，还是有得才有舍，我们都需要先从自己出发。

懂得取舍，看似是一件简单的事，其实是一种大智慧，这绝不是说什么东西都不要，而是将那些对自己有帮助的东西留下来，把那些没有帮助的东西丢弃掉。

人们往往是这样的，要么眉毛胡子一把抓，要么什么都不想要。其实这两种做法都不是舍得。因为你没有弄清楚自

己真正所需要的东西，和真正该舍弃的东西。

很多时候我们抱怨别人小气，却从不曾想过自己为对方付出了多少。

我在访谈节目中与嘉宾做过这样一个游戏。这个游戏很有意思，从中我们可以看出"舍得"与"不舍得"的差别来。游戏是这样的，我说一句，嘉宾重复我刚才说过的话。

我："你敬我一尺，我就敬你一丈。"

嘉宾："你先敬我一尺，我就敬你一丈。"

我："你敬我一尺，我敬你一丈。"

嘉宾："你要敬我一尺，我就敬你一丈。"

我："你敬我一尺，我敬你一丈。"

嘉宾："你敬我一尺，我敬你一丈。"

结果两人差点吵起来。两个人都不愿意先敬那一尺，却想着对方先敬自己一尺。为什么我们都不愿先敬这一尺呢？理由很简单，我们都害怕自己在敬了别人一尺之后，收不到回敬的那一丈。如果每个人都这样想，那么"你敬我一尺，我就敬你一丈"就成了一个死循环了。

世间的一切都是公平的，只有付出过才有资格谈回报。试想，如果你什么东西都没有付出，都没有给予，又有什么权利来指责别人的小气呢？你要别人敬你一丈，那么就必须先敬别人一尺。这不只是先与后的问题，而是人生态度的问题。

越是害怕付出，就越是会失去，甚至会失去更多。接着，这个游戏我们换了一个玩法。同样是"你敬我一尺，我就敬你一丈"，但是结果却大不相同。我问嘉宾："我要先敬你一丈，你会怎么样？"嘉宾回答："我就会敬你十丈。"我就说："我再敬你一百丈。"嘉宾又回答："那我敬你一千丈。"

其实这个道理很简单，只要肯舍得，那么得到的将会更多。

在教练技术中，有一个非常有意思的红黑游戏，在这个游戏中如果每一个玩家都只出红牌，而不出黑牌，那么这个游戏将无法进行下去。

只出红牌，不出黑牌是正常玩家的心理。我们透过现象看本质就不难明白，大家都不出黑牌无非是因为害怕吃亏。如果我出了黑牌，你不给我黑牌怎么办。为了保证不输，那就只能出红牌。结果显而易见，你出红牌得到的也是红牌，对方不可能因此而给你黑牌。这就是你付出什么，就会得到什么。

人都是聪明的，心里都有自己的小算盘，但是绝不会去追求两败俱伤的结局。人与人之间的相处是一门高深的学问，特别是在红牌横行的社会当中，相互之间的伤害就是这样产生的，你伤我，我伤你，永远停不下来，尤其在生意伙伴之间，这类例子比比皆是。我就碰到过很多，我教给他们的就只有两个字：舍得。

这个社会的规则很简单，有舍才有得，小舍就小得，大舍就大得。我觉得这是再浅显不过的道理了。人与人之间如果按照这样的逻辑来交往，夫妻之间的感情会越来越深，生意伙伴之间的合作会越来越好。这样一来，人与人之间的关系就不再那么复杂，变得完全不一样了。这不仅仅只是先舍后得的大智慧，还是一种人生的格局。

只有愿意付出的人，人生才能赢得更多。

在安徽桐城流传着一个叫三尺巷的故事。

两家邻居要盖房子，为了三尺地而发生了争执，谁也不肯让步，所以闹得很不愉快。

这两家人都很有背景，一个是官宦人家，一个是商贾人家。官宦人家有权，商贾人家有钱，这一争起来就争得不可开交了。

他们为什么会争起来，无非是都不肯让步，都不肯吃亏。

结果，官宦人家就给自己在京城做官的亲戚写了一封信，要让商贾人家吃官司。

亲戚是这样回信的："千里修书只为墙，让他三尺又何妨？万里长城今犹在，不见当年秦始皇。"

万里长城这么雄伟，但是建设长城的秦始皇早已经不在了，那么还争那一堵墙有什么意义，"让他三尺又何妨"何等大气与智慧。

我觉得人与人之间互争互斗的结局只能是两败俱伤。人与人本质上争的是什么呢？我想几乎没有人想过，也许有人不服气，会说是争口气，争面子，就是要争，殊不知这又有什么意义。如果人只懂得争，那么我会觉得这样的人活得太自私了，这样的人是不可能有机会去赢的。

舍得是一种大智慧，只有懂得付出的人才能明白其中道理。当你不断地付出，不断地给予别人的时候，人生将会有很多不一样的结果，你的机会也会跟着出现，会有更多的朋友和生意伙伴，更重要的是这样的结果还会影响到下一代，他们的关系也将更加和睦。

现在我每次去三尺巷都能想象到那两家的孩子，一定是从小玩到大的好伙伴。如果细心的人会发现，那个著名的三尺巷其实不是三尺，而是六尺，这是因为两家各让了三尺。

也许你的智商很高，也许你花费了很多辛劳和汗水，但是就是没有成功。与其抱怨自己没有机会，不如换个方式来思考一下，舍弃那些旁枝末节，先去给予，先去付出，那么我相信你一直苦苦等待的机会就不远了。

学员心得 🔍

　　人总是想要得到更多，但是却从来没有想过去给予别人什么。要知道，很多时候"滴水之恩，当涌泉相报"。虽然今天你损失了，但是总有一天，你的这种给予与舍得，会让你收获更多的回报。如果今天你不懂得给予，那么将来是不可能收获，更不可能获得成功。

　　这个世界是公平的，只有懂得舍弃的人，才能获得相应的回报。有些人初到一家公司，总认为自己没有必要为公司卖命，只是把工作当作一种生存方式，却从不曾想过，老板给予他的并不只是一个养活自己的工作，而是一个展示自己、提升自己的平台。所以，在同样的岗位上，有的人能快速得到老板的重视，因为他为公司付出了很多，把自己的才华贡献出来。

　　所以，无论什么时候，舍得都是一种成功的智慧，它衡量着一个人的格局，考验的是一个人的心态，只有目光远大的人，才能明白其中的道理。

　　　　　　　　　　　　　　　　　——刘　示

　　示造型会馆　创始人

管院子的人：你的态度决定高度

平凡是一种生活态度，这并不是说要死气沉沉、没有激情，也不是说要放弃追求、放弃理想，更不是一种碌碌无为的生活方式，而是一种崇高的、伟大的生活方式。很多伟大的功绩都是平凡的人创造出来的。

　　每个人都管理着属于自己的院子，这个院子有多大，取决于个人的成就。有的人功成名就，有的人默默无闻。社会的规则决定了不可能人人都能创造举世无双的成绩，那些人是极少的一部分，更多的人生是平凡的，平淡不起眼的生活才是适合每个人的生活模式。

　　这好比一座城市的建设，离开了平凡的人，整个城市就会陷入瘫痪。我们每天走在马路上，看到干净的马路而身心愉悦，殊不知这背后是成千上万的城市清洁工人在早上五点多的时候，拿着扫把将马路上的落叶和垃圾清扫干净。特别是在冬天的时候，无论天气有多冷，下多大的雪，结多大的冰，他们始终坚守在岗位上。

　　然而人心并不知足。

　　朋友总是抱怨办公室的清洁阿姨将地板弄得很湿，每次走起来都会把鞋子弄湿，这让她和办公室的其他人非常不高兴。

　　我就问她："如果清洁阿姨不再打扫卫生，怎么样？"

　　"那就太好了。"朋友是这样回答的。

　　几天后，朋友又来我面前抱怨。

　　这次是因为办公室乱七八糟，经常闻到奇怪的味道。我问她是怎么回事，她就跟我说，清洁阿姨在他们的干预下被辞退了，办公室已经好几天没人打扫了。

　　永远都不要瞧不起那些看起来平凡无奇的人，因为每个人都脱离不了平凡，平凡背后的精神力量永远是无穷的，值得人深思与敬仰。我们和谐的生活都离不开这些平凡人无私的奉献。正是这些人维持着社会的正常运转。他们通过平凡简单的工作，给我们创造了一个舒适的环境。

　　没有了他们，原本正常的秩序就会被打乱，环境也会因此变得越来越糟糕。

有一段时间，为了录制节目，我每天都需要早起。那是冬天，北京的气温非常非常低，我出门的时候是早上五点，哈一口气都会结冰。当时就冻得不行，恨不得躲进被窝再睡上几个小时。

当我走出小区后，便看到清洁阿姨们正顶着冷风清理马路上的垃圾。当时我非常震撼，试想，是一种什么样的精神支撑着她们。

每次我从小区出来，都能看到门卫大爷坐在那里，看见他熟悉的笑容，听见他亲切的问候。他守卫着整个小区的安全，在人不多的时候，偶尔抽抽烟、喝喝茶、下下棋，还会和小区的老人聊聊天。这就是管院子的人，他的生活模式就是这样，看似平凡无奇，却能在人心中升起无限感慨。

中国台北"身心成长协会"的创办人赖淑惠曾经说起过她做房产中介的故事。每次她进入大厦时，都会礼貌地和门卫打招呼，管理员每次为她开门时，她都会高兴地说声"谢谢"。因为她的尊敬，管理员把她当作朋友。

每当有人前来询问房子时，管理员第一时间想到的便是她，给她介绍了不少客户，这样她的业绩提升了不少。后来在回忆这件事时，赖淑惠发现，凡是想来买房的人，第一个问到的总是这个大门管理员。谁也想不到就是这样一个平凡的人掌握着第一手资源，这个平凡人的背后也蕴藏着商机。

那些看似平凡的人，在不久的将来或许会取得巨大的成就。我们不应，也没资格看不起平凡的人。看轻他们就是看轻自己。

事物的发展是相对的，每一个量的产生都会导致另外的量发生变化。所有的量都处在动态变化之中，如果我们以静止的眼光看待问题，就无法窥见事情的本质。往往事情的本质被隐藏在平凡的外表下，让人难以察觉。

若是我们每时每刻以一种谦卑的姿态，对待生活中遇到的每一个人，不因他们的工作、出身而有成见，那么你的人生将变得与众不同。

学员心得

我们都是平凡的。不可能每一个人都能取得非凡的成就，也不可能每一个人的人生都过得轰轰烈烈。

即使是平凡的人也都散发着自己的光和热。世界因他们而改变。他们不可或缺，也不可替代。没有他们，社会将无法正常运行。

社会是一台高速运转的机器，每个人都是这个机器上的零件，哪怕只是再小的螺丝钉，也会发挥它的作用。

所以当我们遇到这些人的时候，试着用感恩的心去对待他们，今天你用善意的眼光看待他们，明天他们成功的时候，也会用善意的眼光来看待你。

毕竟没有人能知道几十年后的事，你还在原地摸爬滚打的时候，别人也许早就获得了成功。当你懂得放低自己的姿态，用更平和的目光来对待他们时，相信成功也不会离你太远。

——董广杰

中恒华信（北京）投资控股有限公司　董事长

石头与佛像：忍常人所不能忍的痛苦

> 每个人都有可能成功，但是在成功之前我们
> 必须忍受常人所不能忍的痛苦，只有这样才能将
> 废铁锻造成宝剑，梅花才能在苦寒之中盛开。

有的人总羡慕别人的成功，认为自己的失败是生不逢
时。当他这样想的时候，他的对手却是另外一种心态。

成功的人不会平白无故的成功，他付出异于常人的努
力。他们把别人休闲娱乐睡觉的时间用在了工作上。

如果你不逼自己，不能奋发向上，那么你就会沦为强者
的垫脚石。你的对手会把你踩在脚下，你将亲眼见证他的成
功，自己将成为他的背景。

有一位雕刻师想要雕一尊佛像。

他在众多大理石中选择了一块看上去非常不错的石头。当他拿起锉刀开始雕刻的时候，石头就痛不欲生了，它哀求道："求求你不要再刻了，痛死我了。你换别的石头吧。"

雕刻师只好停下工作，将它放到地上，继续寻找其他石头。

他找了很久，一直没有找到合适的。这时，一块质感较差的石头碰见了雕刻师，便对他说："听说您正在找可以雕佛像的石头，您看我可不可以？"

雕刻师看着这块石头，说："你以为这很容易吗，会很痛的。"

"我不怕。"石头坚定地说。

雕刻师开始对这块石头进行雕塑。这块石头忍着剧痛。雕刻师被它的精神所鼓舞，更加卖力地雕刻，终于将它雕成了一尊非常壮观的佛像。

而之前那块石头，依旧被铺在马路上，忍受着风吹雨打。

外表条件固然重要，但是内在的执着却是成功的关键。凭着出众的条件，你可以比别人获得更多的机会，但是当机会出现的时候，并不是人人都能抓住。想要成功，就必须在成功之前忍受煎熬，把自己置于锉刀底下，重塑筋骨，如此才能脱胎换骨。

很多人觉得我很成功，其实不是的，我一点也不厉害，一点也不成功，我能达到现在的境地，只是比平常人多了一点努力。我比较爱学习、爱思考，每天吃饭、睡觉、走路时我都在想自己的事，想想自己哪些方面做得不够好，在哪些事情上可以做得更好。

我每天都学习，都在汲取新的知识，遇到问题向别人请教，努力提升自己。因为我知道自己还有很多不懂，需要学习。即便是现在，我也不会对自己"手下留情"，把自己"往死里逼"。在教练的智慧中，不存在"求饶"两个字。

今天我把自己丢进火海，明天我就有机会浴火重生。

失败其实并不可怕，可怕的是我们并没有成功的资本。哪怕这次失败了，如果自己能得到提升，那么这次失败就是有意义的。它会让你明白你在哪些方面做错了，还可以怎样改进。如果一味地纠结失败本身，那么你将永远不可能获得成功。

把自己"往死里逼"，是一种自己由内而来的强迫。别人强迫我们做的事，总会心有怨言，认为凭什么他有资格这样逼我。不管你愿不愿意，你都要去做。也许你并不服气，但是这样做出来的效果却大打折扣。

这就好比一个人挑担子。刚开始他的力气只能挑起30公斤的重量，如果让他挑40公斤，他会承受不住，甚至主动卸下10公斤。其实他并不知道，40公斤对他来说是一种挑战，如果这时他能咬牙挺过来，那么他就能慢慢地适应40公斤的重量。

最好的你一定是从内心出发的，一种内省的力量逼迫着你，而不是外在的压力。自己强迫自己去做不可能做的事，强迫自己去做那些自己不愿意做，或是难以忍受的事，这是一种精神上的挑战，也是自我服务的过程。

你今天处于这个位置，明天仍处于这个位置。其中的原因你有没有仔细、认真地考虑过？是因为你不上进？还是因为你不努力？都不是。最重要的原因就是自己工作状态松懈，不能时时严格要求自己，总认为这件事差不多就行了，殊不知差不多会让自己失去很多学习和提升的机会。

如果你能在思想上把自己"往死里逼"，那么你能客观公正地看到自己的位置，对自己的现状有一个准确的判断。

如果你能在拒绝欲望上把自己"往死里逼"，那么你能轻而易举地克服生活的诱惑，保持本心前进。

如果你能在行动上把自己"往死里逼"，那么你将不会再因为路程中的风雨而停下，不会为自己找借口，而是积累下巨大的能量。

如果你能在要求上把自己"往死里逼"，那么你将不再以差不多来衡量自己，而是近乎完美地要求让自己做到尽善尽美。

"宝剑锋从磨砺出，梅花香自苦寒来。"只有经历过打磨，只有经历过极寒，人生才能开出美丽的鲜花来。

一个人选择什么职业，聪明与否并不重要，关键是你能不能落到实处。任何一个人在年轻的时候都会拥有远大的志向，但很少有人愿意从最小的事情做起，每一个微小的细节、每一件不起眼的事情，都严格要求自己，把自己"往死里逼"，久而久之他便拥有了成功的能量。

在工作中，每个人都会面临巨大的压力。当压力出现的时候，我们便无所适从，认为自己不应该这样做，于是主动避开这样的压力。而那些依靠耐力抵抗住压力，勇于担负更大责任的人最终拥有了更大的发展。

人不能只做看客，既然来到这个世界上，应该走进赛场，既然渴望成功，就应该像被雕成佛像的石头那样，忍受千刀万剐。如果你贪图舒适，不愿忍受磨砺，那么你一定容易被困难击倒，永远无法摆脱失败的困境。

正如，不敢跳下游泳池的人，是永远不可能学会游泳的。

学员心得 🔍

如果想要成功，那么你首先要具备获得成功的能力。如果你连成功的能力都没有，那么成功是不会属于你的。

世上不可能有人随随便便就能成功，也没有人坐在那里，就能获得成功，那只是异想天开。那些已经成功的人在享受成功的果实时，很少有人会想到他们为了获取这些果实所付出的艰辛。

有的人决策力不强，就把自己优柔的性格往死里磨，使自己变得果敢起来；有的人天生不敢冒险，便把自己往悬崖上推，无数次危险的经历与化险为夷，让他勇敢地尝试每一种可能。所以他们会取得成功。

每个人身上或多或少地存在着缺点，当这些缺点影响着你的格局时，你就需要不断地去打磨它，甚至把自己"往死里逼"，只有这样你才可能克服它们。如果你对自己心慈手软，不敢对自己下狠劲、下狠心，那么你如何能成为那个站在顶峰的人呢？人的潜力都是逼出来的，自己逼自己更能展示你的内在潜力。

——张志宏

完美中国有限公司　山西分公司咨委副主席

个人成长

生命意义练习——为自己写一段墓志铭

练习效果：

重塑自己生命的意义。

练习方法：

回想你从出生到现在所生活过的这些年，为了纪念这段时光的流逝，请诚实地为你自己写下一段"墓志铭"，不需要为自己的失败而遮遮掩掩，也不必为曾经的成功而大书特书，诚实面对自己的过去就可以了。

请你明白，你现在的生活是若干年前的自己所创造的，不管是快乐还是悲伤，不管是平凡还是伟大，也不管是平坦大道还是崎岖小路……请把它当作老天爷送给你的最好恩赐，并毫无保留地尊重它、接受它。

_____

_____

_____

_____

_____

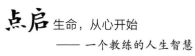

后

记

2016年的一个早晨，忽然发现镜中的自己，虽然目光锐利、嘴角上扬，可是头发白了，这才发觉自己已经好久没有照过镜子了。时间过得如此之快，快得让人心慌。就那么一瞬间，我有了一个想法，想为自己从事的教练技术工作做一件事情——写一本书！

我把这个小冲动发到自己的朋友圈里，没想到，在很短的时间里竟然引来了超过千人的支持，这让我热血澎湃。

因为想做成一件事，大家聚在了一起。为了传播教练技术，让更多的人因为教练文化而受益，我们成立了牛人汇，并设立了三个专业委员会——慈善专业委员会、商业专业委员会、学术专业委员会，这也是牛人汇得以自动自发运转的基础。牛人汇的成员都是各个行业的精英和成功人士，他们深知教练文化的魅力，更是教练文化的受益者。这本书，也是牛人和我一起完成的，没有牛人就没有这本书。有了牛人们的支持，我更加坚定了自己的使命和情怀，我要用自己的后半生，去影响周围的人们，让生命与生命之间能有所不同。

在此，我要感谢：

耿琦先生——我的领路人，我为社会所做的贡献离不开耿琦先生的支持。

卢志新导师——我的梦想坚定人，感谢合作中他给予的支持，是他让我坚定了自己要成为教练技术的导师，并为传播教练技术奉献一生的梦想。

张慧萍女士——我的爱人，她既照顾了我的生活，也是我工作中的伙伴，在我人生最低谷的时候，不离不弃，并且愿意和我一同在去世后捐献自己的遗体，为社会做最后的贡献。

吴小康女士——我的创业死党，感谢她给了我工作中最坚定的支持，和我一起在度过的11年中为上万名学员服务，令他们的人生有所不同，希望在未来的日子里，我们能继续并肩前行。

森冠文化同人——王娟董事长和她的伙伴们，她带领各位做了很多基础性的工作，并且为牛人汇的整体规划提出了很多中肯的建议。

出版编辑——韩卫东老师和谢晓绚编辑，没有你们的专业能力和匠心精神，就没有这本书的出版，我也就失去了一个让更多人受益的机会。

所有的牛人——没有你们就没有牛人汇，是你们给了我更多的力量，让我不断前行。

他们是：

谷荣辉	孙 嘉	王文喜	李秀青	汤 浩	贺东玲
杨振宇	袁玉春	柳国泉	刘文青	孙运才	徐 力
周 勇	曾子蔚	杨胜鹏	白玉明	辛宝红	王 强
李佳骏	徐丹琳	赵 密	孙海江	柳国荣	邢爱云
汤永安	邱钦煌	秦志家	刘洁华	周立明	张小飞
顾 娟	梁开明	TONY	诸葛玉堂	邵晓欢	毕 静
李 婕	陈吉斌	鲁进军	朱五根	黄健胜	廖向阳
彭宗保	张永忠	李泳萱	王美红	许长贡	刘 炯
邓 莉	赫安东	伍德福	张 燕	李 领	许坤辉
朱学华	高利永	廖 佳	柳文发	黄祥云	王健宇
张显康	龙 平	黄邑娥	杨治合	王 丰	高伟亮
董 栋	柳金芳	陈志强	卢连德	于宏雁	付芝宁
银 志	李双亮	朱玉莲	王怡梅	成林国	张 员
刘艳萍	方世颖	李秋杰	孙 明	高志军	刘 青
季春霞	汤永红	罗彩霞	杨嘉莉	陈 超	刘 示
黄 铮	董广杰	刘 微	陈林红	肖 飒	黄 磊
张志宏	曾 燕	杨国军	张莉梅		

帆哥在此合十感恩，一并谢过。

张 帆

2017年7月